소아과 전문의
고시환 박사와
요리 블로거 스타 **신송하**가
함께 만들었어요!

이유식으로 평생 건강의 기초를 다져주세요

진료실에서 아기 엄마들을 만나보면 10명 중 8~9명은 아이가 밥을 먹지 않는다, 음식을 입에 물고만 있고 삼키지 않는다, 편식이 너무 심하다 등 아이들의 식사 습관과 관련된 고민을 토로합니다. 그중에는 특정한 질병 때문에 식사를 제대로 못하는 아이들도 있지만, 이유식이 제대로 이루어지지 않아 그것이 굳어버린 경우도 많습니다. 엄마들에게 "이유식은 어떻게 하셨어요?" 하고 물으면 변명 아닌 변명들이 이어집니다. 아토피가 있어서, 모유를 먹는 아이들은 이유식을 늦게 해도 된다고 해서, 아이가 이유식을 거부해서 등등.

이유식은 성장기의 식습관을 좌우할 만큼 중요한 것입니다. 이유식이 제대로 이루어지지 않으면 성장기는 물론 성장해서까지 바른 식습관을 가질 수 없고, 우리 체질에 맞는 입맛 또한 기를 수 없습니다. 식습관과 입맛은 평생 건강의 초석이 되는 만큼 이유식 단계에서부터 잘 다져놓아야 합니다.

그렇다면 이유식을 어떻게 해야 할까요? 그 해답은 우리 할머니들이 이유식을 했던 모습을 살펴보면 쉽게 찾을 수 있습니다. 어른 음식에 간을 하기 전에 덜어내어 다지고, 국물만 떠내 말아 준 것이 이유식이었지요.

하지만 이런 방식으로 이유식을 했던 시대와 비교하여 세상이 많이 변한 것이 사실입니다. 환경오염도 심해졌고, 아토피 등 예전에는 희귀했던 질병이 누구나 알 수 있을 만큼 많아졌습니다. 이제는 할머니들의 이유식 방법과 더불어 현대에 맞는 이유식이 필요한 것입니다. 그

렇다고 하여 이유식을 너무 어렵고 복잡하게 생각할 필요는 없습니다. 다음의 여덟 가지 원칙을 숙지하고 지키면 됩니다.

첫째, 이유식의 의미를 알고 시작하세요. 이유식은 아이가 밥을 먹기 위한 준비 단계로, 생후 6개월부터 본격적인 영양을 공급하기 위해 먹이는 것입니다. 올바른 식습관을 길러주고 충분한 영양을 줄 수 있어야 합니다. **둘째,** 생후 4개월 전후에 시작하세요. 아토피가 있거나, 완전 모유 수유를 하는 경우에도 이유식을 늦춰서는 안 됩니다. **셋째,** 이유식 진행 5단계를 잘 따르세요. 이유식은 아이의 성장 발달에 따라 초기, 중기, 후기, 완료기, 유아식의 5단계로 진행하며 각 단계별로 먹이는 양과 횟수를 지켜주세요. **넷째,** 엄마가 직접 이유식을 만들어주세요. 인스턴트 이유식은 열량이 지나치게 높고, 알레르기의 위험성이 있으며 올바른 식습관을 기를 수 없습니다. 음식이 가진 고유의 맛을 느낄 수 없음은 물론입니다. **다섯째,** 제철 재료로 신선하게 조리하세요. 유기농 제품만을 고집하기보다 제철 재료를 그때그때 먹이는 것이 좋습니다. **여섯째,** 먹여야 하는 식품과 피해야 하는 식품을 알아두세요. 월령에 따라 먹일 것과 피해야 할 것이 있으니 꼭 지키도록 하세요. **일곱째,** 돌 전까지의 아이 이유식에는 간을 하지 말고 제철 재료가 지닌 고유의 맛을 경험하게 해주세요. **여덟째,** 정해진 시간에, 숟가락으로, 앉아서 먹게 하세요.

이 책은 이 8가지 원칙에 따라 단계별로 세분화했고, 무엇을 먹이고 어떻게 먹여야 할지도 자세히 다루었습니다. 자주 하는 질문으로 구성한 Q&A, 월령에 따른 이유식 레서피도 공개하였습니다. 아무쪼록 이 책이 아이를 건강하게 키우고자 하는 부모들에게 도움이 되었으면 하는 바람입니다.

소아과 전문의 **고시환**

아이에게는 엄마의 사랑과 정성이 보약입니다

예로부터 어른들이 하시는 말씀 중에 "논에 물 들어가는 소리와 내 아이의 입에서 밥 넘어가는 소리가 제일 듣기 좋다"라는 말이 있지요. 아이 둘을 키우는 엄마가 되고 보니 이 말이 얼마나 가슴에 와 닿는지 모른답니다. 아이를 키우는 부모 마음은 모두 똑같겠지요. 사랑스런 우리 아이들이 좋은 음식을 잘 먹고, 또 건강하게 자라준다면 그것만큼 기쁜 일은 없을 테니까요.

저의 원래 직업은 요리와 상관없는 인테리어 디자이너였지만, 어릴 때부터 유난히 음식 만들기를 좋아했던 저는 가정을 꾸리면서 더더욱 먹을거리의 중요성을 알게 되고 관심도 더 많아졌답니다.

조리사 자격증을 독학으로 따고 나서는 더욱 자신감이 생겼고, 아이가 태어나면 이유식도 내 손으로 정성스럽게 만들어주리라 결심했습니다. 그리고 첫아이가 태어나자 결심한 대로 이유식 책 몇 권을 참고서 삼아 정성 듬뿍 담아 이유식을 만들어주었답니다.

다행히 아이도 잘 먹어주었고, 비록 입이 짧아 많이 먹진 않지만 편식도 없이 건강하게 자라주었습니다.

그리고 남들은 거저 키운다는 둘째가 태어났는데 불행히도 아토피가 너무 심해서 몸도 마음도 아주 고생을 하고 있어요. 거의 모든 음식에 알레르기 반응을 보이는 아주 심각한 알레르기 체질이랍니다.

먹을 수 있는 음식에 한계가 있다 보니 이유식을 만드는 저도 고민에 빠져버렸고 의욕도 생기지 않았지만, 아이도 저도 열심히 노력한 결과, 지금은 차츰 좋아지고 있답니다. 그리고 그동안 저희 식탁의 메뉴도 많이 달라졌고요.

이렇게 두 아이를 키우면서 아이들에게 먹을거리가 얼마나 중요한지 다시 한 번 깨달았습니다. 그리고 이런 나의 경험을 이유식으로 고민인 초보 엄마들에게 전해줄 수 있다면 시행착오를 줄일 수 있을 텐데 하는 바람이 있었는데 드디어 멋진 기회가 찾아왔어요.

사실 저 역시 시중에 나와 있는 이유식 책을 참고했는데 책마다 기준이 다르고 원칙도 달라서 많이 헷갈렸거든요. 전문가가 쓴 책은 믿음은 가지만 너무 교과서 같아 어렵고, 일반인이 쓴 책은 따라 하긴 쉽지만 믿음이 안 갔고요. 그러던 중에 이유식 전문가인 고시환 박사님과 함께 한 이번 작업은 아주 의미 있는 시간이었습니다. 나름대로 열심히 했지만 정확한 기준과 원칙이 없었던 제게 바른 길을 알려주었거든요. 이 책이 많은 분들에게도 아주 많은 도움이 되었으면 좋겠습니다. 부디 처음 이유식을 시작하는 엄마들이 따라 하기 쉬운 친근한 책이 되길 바랍니다.

말썽꾸러기 첫째와 까다로운 둘째를 데리고 시작한 촬영과 원고 작업은 정말 힘들었지만, 가족들의 사랑이 있었기에 가능했습니다.

두 아이 키우느라 정신없는 아줌마에게 이런 멋진 기회를 준 중앙북스에 감사드리며, 항상 격려와 응원을 아끼지 않는 제 페이퍼와 블로그 'cynthia's kitchen' 가족들에게도 고마운 마음 전합니다.

요리 블로거 **신송하**

contents

PART1 초보 엄마가 꼭 알아야 할 이유식 **원칙**

doctor's guide

mom's guide

PART2 **초기**(4~5개월) 영양보다 **적응**이 중요해요

PART3 **중기**(6~8개월) 균형 잡힌**영양**이 필요해요

PART 4 후기(9~10개월)

모유보다 이유식이 **중요**해요

PART 5 완료기(11~12개월)

어른처럼 먹을 **준비**를 해요

PART 6 건뇌 이유식

두뇌 발달에 좋아요

PART 7 아픈 아이 이유식

약보다 똑똑해요

PART 8 유아식(12~36개월)

바른 **식습관**을 길러줘요

PART 1

초보 엄마가 꼭 알아야 할 이유식 **원칙**

doctor's guide

01 이유식의 의미를 알고 시작하세요

✚ 밥을 먹기 위한 준비 단계입니다

세상에 갓 태어난 아기들은 모유나 분유를 통해 영양을 섭취하며 성장해 갑니다. 하지만 커서도 모유나 분유만 먹고 살 수는 없습니다. 일정한 시기가 되면 젖을 떼고 어른들과 마찬가지로 하루 세 끼 밥을 먹어야 합니다. 그러나 모유나 분유만 먹어 온 아이에게 어느 날 갑자기 밥을 먹으라고 할 수는 없는 일이지요. 모유나 분유에서 밥으로 자연스럽게 넘어갈 수 있도록 도와주는 음식이 바로 이유식(離乳食)입니다.

그런 의미에서 이유식은 다른 말로 이행식(移行食)이라고도 합니다. 아이가 젖을 떼는 것과 함께 밥을 먹을 수 있도록 준비하는 과정을 뜻합니다. 즉, 영양이나 먹는 음식의 종류만이 문제가 아니라 덩어리진 음식을 먹을 수 있는 연습도 이유식의 중요한 역할입니다.

✚ 올바른 식습관을 기릅니다

아이가 모유나 분유 이외에 세상의 음식과 처음 만나는 것이 이유식입니다. 이유식 과정을 제대로 밟은 아이들은 밥을 잘 먹고 좋은 식습관을 가지고 있어 엄마들이 큰 고민 없이 아이들을 키울 수 있습니다. 반대로 이유식이 제대로 이루어지지 않은 아이들은 밥을 입에 물고 있다든가, 돌아다니며 밥을 먹고, 편식을 하기도 해 엄마와 아이 사이에 먹는 것으로 인한 갈등이 끊이지 않습니다. 모유나 분유를 꿀꺽꿀꺽 먹던 아이가 턱을 위아래로 움직여 덩어리 있는 음식을 씹어 먹기란 당연히 힘이 듭니다. 그래서 잘 씹지 않고 입에 물고 있는 것입니다. 또 여러 가지 음식의 맛을 보지 못했으니 음식에 대한 특별한 취향이 생겨 편식을 하게 되는 것입니다. 또한 이유식 때부터 한자리에 앉아서 먹는 식사 예절을 가르쳐야 성장기까지 바른 식습관이 이어지게 됩니다.

✚ 생후 6개월 이상 아이들에게 영양을 보급합니다

아이는 성장에 필요한 몇몇 영양소를 엄마의 뱃속에서 탯줄을 통해 엄마로부터 받아 몸에 지니고 태어납니다. 하지만 생후 6개월이 지나면 단백질이나 비타민, 무기질 등이 부족해지기 시작합니다. 이때는 모유나 분유만으로는 필요한 영양을 다 얻을 수 없지요. 그래서 이유식을 통해 성장에 필요한 영양을 공급해주어야 합니다.

02 생후 4개월 전후에 시작하세요

언제 시작해야 할까요?

✚ 완전 모유 수유 아이나 아토피 아이도 시작 시기는 같습니다

이유식 시작 시기에 대해 여러 가지 이야기들이 많습니다. 그중 가장 흔히 듣는 말은 아토피가 있다는 것도 아닌, 아토피 '끼'가 있어서 이유식을 늦추었다거나, 이유식을 일찍 시작하면 아토피가 생긴다는 말을 듣고 늦추었다는 것이지요. 완전 모유 수유를 하는 경우 이유식은 생후 6개월경 시작하는 것이 적당하다고 알고 있는 엄마들도 있습니다. 완전 모유 수유를 하고 있어도, 아토피가 있다 해도 이유식은 생후 4개월을 전후해서 시작해야 합니다. 이유식을 빨리 시작하지 말라는 것은 미리부터 아이 먹을거리에 대해 욕심을 내지 말라는 것이지, 제때 시작하지 말라는 것은 아닙니다. 아토피가 염려된다면 병원에서 정확한 진단을 받고 그에 맞는 식단으로 이유식을 시작해야 합니다.

✚ 본격적인 이유식을 위한 준비 기간이 있어야 합니다

일선 소아과에서 생후 6개월부터 이유식을 하라는 것은 이유식에 대한 기준의 차이라고 할 수 있어요. 아이는 태어날 때 엄마로부터 받은 영양소들을 이용해서 생후 6개월경까지 성장을 하게 되고, 그 이후의 성장을 위한 영양소들은 음식을 통해 섭취하여야 하기 때문입니다. 이는 생후 6개월경부터 이유식 시작이라는 의미가 아니라, 이 시기부터 동물성 단백질 등을 주면서 본격적으로 이유식을 진행하여야 한다는 의미입니다. 그렇기 때문에 생후 4개월을 전후해서 모유나 분유 이외의 음식을 숟가락으로 먹는 연습을 해야 합니다.

✚ 아이의 반응으로도 알 수 있습니다

이유식 준비 시기가 되면 아이가 스스로도 신호를 보냅니다. 아이들은 태어나 한 달 정도까지는 시시때때로 울고 보채면서 본능적으로 무엇이든 빨아댑니다. 그리고 생후 2개월경이 되면 옹알이를 하면서 손으로 장난을 칩니다. 또 생후 100일경이 되면 눈에 보이는 것을 잡으려 하고, 생후 4개월경이 되면 엄마의 젖을 잇몸으로 씹거나, 혀를 가지고 장난칩니다. 이 시기가 되면 아이가 빨기 위해 혀를 밖으로 내미는 본능도 약해지므로 이때부터 숟가락에 대한 적응을 시작으로 이유식에 대한 준비와 훈련을 해야 하는 것이지요. 그런데 생후 6개월이 넘으면 아이가 빠는 것이 습관화가 돼버려서 숟가락에 대한 적응이 힘들 수 있어요.

03 이유식 진행 5단계를 잘 따르세요

1단계 초기

4~5개월 이유식을 연습하는 시기

본격적인 이유기라기보다는 이유를 준비하는 시기입니다. 이때는 영양 공급을 위해 이유식을 하기보다는 모유나 분유 이외의 음식을 숟가락으로 받아먹는 연습을 하는 것이 중요합니다. 이유식은 하루에 한 번 오전 중에 먹이고, 모유나 분유는 600~700ml를 4~5번에 나눠 먹이세요.

첫 이유식은 쌀미음으로 시작하는데 숟가락을 기울이면 주르륵 흘러내릴 정도의 농도가 적당해요. 쌀미음을 잘 먹으면 한 가지 채소나 과일로 만든 즙이나, 한 가지 채소나 과일을 넣은 쌀미음을 먹이세요. 이때는 채소즙이나 과일즙도 한 번 끓여서 식힌 다음 5~7배의 물로 희석해서 시작하다가 점점 농도를 높여가도록 하세요. 처음에는 물처럼 묽게 만들어 먹이다가 아이가 잘 먹으면 숟가락을 기울여서 뚝뚝 떨어지는 암죽 정도로 진하게 만들어 먹입니다.

이 시기의 이유식은 간을 하지 않은 미음을 위주로 하기 때문에 과일즙을 너무 많이 줄 경우 달고 새콤한 맛에 길들여져서 아이가 쌀로 된 미음을 거부할 염려가 있습니다.

2단계 중기

6~8개월 칼로리보다 영양소가 중요한 시기

엄마 뱃속에서 가지고 나온 영양분이 거의 바닥나는 시기입니다. 따라서 분유와 모유를 충분히 먹이면서 단백질과 비타민, 무기질이 함유된 이유식으로 충분한 영양을 보충해주어야 해요. 이유식은 하루 두 번, 오전과 오후에 먹이고 모유나 분유는 800ml 정도를 4~5번에 나누어 먹이세요. 밤중 수유나 젖을 물고 자는 버릇도 이 시기에 뗄 수 있어야 해요.

6개월에는 갈지 않아 덩어리가 있는 정도의 묽은 죽을 주어서 아이가 의식적으로 오물거리면서 삼킬 수 있도록 하세요. 이 시기의 이유식은 영양소를 위주로 하는 것으로, 아직 칼로리의 공급은 모유나 분유에 의존하게 됩니다.

7개월에는 진 죽, 8개월에는 된 죽으로 점점 진하게 만들어 주세요.

중기 초기에 의도적으로 삼키는 훈련을 하게 되면서 아이가 음식을 먹고 웩웩거릴 수 있는데 이 단계를 스스로 적응할 수 있어야 합니다. 중기 초기가 지나서는 단순하게 입 안에 음식을 머금고 있다 삼키는 것이 아니라 혀를 사용하여 어금니 쪽으로 음식을 보내 잇몸으로 오물거리다가 삼킬 수 있는 수준까지 되어야 합니다. 생후 8개월경이 돼서 아이가 혀를 자유롭게 사용하여 음식을 삼키는 데 어려움이 없어져야 생후 8개월이 넘어가면서부터 다양한 식재료를 이용한 이유식을 본격적으로 진행할 수 있습니다.

이 시기에 흰살 생선이나 쇠고기, 닭고기 등 동물성 단백질도 충분히 섭취할 수 있도록 해주는 것이 좋아요. 이유식에 새로운 재료를 섞을 때는 짧게는 2~3일에서 길게는 1~2주까지 간격을 두어야 합니다. 그래야 아이가 재료의 고유한 맛을 느낄 수 있고, 어떤 재료에 알레르기가 있는지 알 수 있어요.

3단계 **후기**

9~10개월 이유식으로 열량과 영양소를 얻는 시기

모유나 분유보다는 이유식으로 열량과 영양소를 더 많이 얻어야 하는 시기입니다. 이유식은 아침, 점심, 저녁으로 하루 세 번 먹이고, 모유나 분유는 600ml 정도를 세 번에 나누어 먹이다가 서서히 줄여가세요. 모유는 두 돌 이후까지도 수유할 수 있으나, 아이가 달라고 할 때마다 수시로 주는 것이 아니라 일정한 간격으로 낮에 수유가 이루어질 수 있도록 합니다. 분유는 첫돌 무렵에 젖병과 함께 완전히 뗄 수 있도록 이때부터 준비를 해나가세요.

이 시기부터는 칼로리와 영양적인 측면 모두에서 이유식이 주가 되도록 해야 합니다. 아이가 특별한 알레르기를 보이지 않는다면 다양한 식재료들을 이용할 수 있으며, 생후 8개월이 넘으면서부터 치즈, 플레인 요구르트, 과일, 고구마, 감자, 옥수수 등의 간식을 본격적으로 줄 수 있습니다. 이유 중기까지 잘 먹던 아이들도 이 시기부터는 고집이 생기고, 자기 주장이 생기면서 먹는 것에 까탈을 부리게 되므로 먹는 양보다는 바른 식습관을 길러주는 것이 주 관점이 되어야 합니다.

수저를 거꾸로 들어 흘러내리지 않을 정도의 다소 진 죽으로 시작하여 진밥, 빠른 아이들은 10개월경이면 된밥을 먹을 수 있습니다. 죽부터 손으로 쥐면 으깨지는 바나나 같은 굳기 정도의 음식까지 먹을 수 있어요. 이 시기에는 여러 가지 과일과 채소, 육류, 생선, 콩류, 견과류 등을 이용해 재료의 다양한 맛과 향, 질감을 느낄 수 있게 해주세요.

4단계 **완료기**

11~12개월 하루 세 끼 식사가 정착되는 시기

어른과 마찬가지로 하루 세 끼 식사가 정착되는 시기입니다. 하루 세 번 진밥을 반찬과 함께 먹이고, 모유나 분유는 500ml 이하를 간식으로 주세요. 이 시기에는 어른 음식보다 조금 질고, 부드럽게 조리한 음식은 대부분 먹을 수 있습니다. 완료기에 접어들면 이유식만으로도 충분한 영양을 얻을 수 있으므로, 돌이 되면 모유는 정서적 도움을 위해 낮에 1~2회 정도 수유를 하도록 하고, 분유와 젖병은 떼도록 하세요.

모유 수유를 언제까지 할 것인가에 대해서는 전문가의 관점에 따라 다소 차이가 있습니다. 영양적인 측면에서만 본다면 돌 이후에는 큰 의미를 가지기 어렵고, 정서적인 면을 생각한다면 두 돌, 세 돌까지도 그 의미를 논할 수 있을 것입니다. 하지만 돌 반경이 되면 엄마에 대한 의존성을 어느 정도 벗고 또래들과 어울리면서 주변 환경에 적응해야 하므로 15~18개월 사이에는 모유도 떼는 것이 좋습니다. 이 시기를 넘기면 아이도 고집이 세어져서 떼기 힘들어집니다.

5단계 **유아식**

13개월 이후 성장을 위한 식단을 마련해야 할 시기

밥과 국, 서너 가지 반찬으로 어른과 비슷한 식사를 할 수 있는 시기입니다. 수유를 했던 시간에 생우유나 요구르트, 과일, 유아용 치즈 등을 간식으로 먹이면서 모유는 정서적인 측면에서 주고, 분유는 떼도록 해주세요. 돌이 지나서까지도 분유를 먹이면 영양 과잉으로 비만해질 위험이 크고 분유의 단맛에 길들여져 편식하는 습관이 생기기 쉽습니다.

또한 젖병을 빨 때는 턱 관절을 중심으로 상하악골이 앞뒤로 움직이게 됩니다. 그런데 턱은 관절을 중심으로 위아래로 회전 운동을 하는 것이 정상으로, 젖병을 빠느라 앞뒤로 비정상적 운동을 지속할 경우 부정 교합을 초래하여 아이가 이를 갈거나, 상하악골의 이상 발달을 초래하고, 중이염의 발병률을 높일 수 있습니다.

이 시기에는 맛에 대한 취향이 생기므로 여러 가지 식품을 골고루 접하게 하여 고른 영양과 바른 입맛을 길러주어야 합니다. 어른과 비슷한 식사를 할 수 있는 시기지만 어른처럼 소화기관이 성숙한 상태는 아니에요. 더구나 신장은 어른에 비해 6분의 1 수준밖에 그 기능을 하지 못하기 때문에 아직은 아이 음식에 직접적인 간을 하지 않는 것이 좋아요.

04 먹여야 하는 식품과 피해야 하는 식품을 알아두세요

이유식 시작은 쌀미음으로 하세요

이유식은 아무것도 넣지 않은 흰쌀로 끓인 쌀미음으로 시작하세요. 쌀은 알레르기를 적게 일으키는 음식으로 소화가 잘 되어 초기 이유식으로 좋아요. 아이가 쌀미음에 어느 정도 적응을 하면 농도를 점점 올리면서 채소, 고기, 과일 순으로 재료를 첨가하는 것이 원칙입니다. 새로운 재료를 섞을 때는 한 번에 한 가지씩 2~3일 간격을 두고 섞으면서 알레르기 여부를 관찰하도록 하세요.

밀가루 음식은 10개월 이후에 먹이세요

밀가루에는 글루텐이라는 성분이 함유되어 있어 알레르기를 일으키기 쉬운데 보통 생후 10개월 이후부터 위험성이 줄어듭니다. 하지만 그렇다고 해서 빵이나 국수를 더 많이 먹이는 것은 좋지 않습니다. 밥은 주식, 밀가루 음식은 부식이나 간식 정도로만 활용하세요.

신맛이 강한 과일은 8개월 이후에 주세요

신맛이 강한 과일은 아이의 입맛을 단번에 사로잡을 수 있으므로 천천히 주세요. 이유식에 좋은 과일로는 사과, 배, 수박 등이 있는데 너무 시지 않고 잘 익은 것을 골라 사용합니다. 초기에는 과일을 갈아 한 번 끓인 다음 체에 걸러 물을 타서 주고, 중기부터는 갈아 익힌 다음 먹입니다. 과일을 갈 때는 섬유질을 함께 섭취할 수 있도록 믹서기나 강판을 이용하세요.

시금치, 배추는 초기에 넣지 마세요

시금치나 배추는 질산염의 함량이 높아서 생후 6개월 이전에는 빈혈을 일으킬 수 있으니 중기 이유식부터 사용하세요. 죽순, 우엉, 깻잎 등 섬유질이 많고 향이 강한 채소도 돌 전까지는 피하세요. 섬유질은 아이가 소화하기 힘들고, 강한 향은 바른 입맛을 잡는 데 방해가 됩니다.

중기부터는 육류를 먹이세요

육류는 철분 보충에 좋은 식품입니다. 6개월경부터는 고기 국물뿐 아니라 살도 먹여주세요. 처음에는 갈아서 먹이고, 7개월쯤 되면 약간 덩어리진 고기도 먹일 수 있어요. 쇠고기는 지방이 적은 안심, 등심, 우둔살을 쓰고 닭고기는 가슴살을 사용하세요.

생선은 가자미, 대구, 명태처럼 기름기가 적은 흰 살 생선을 먹이다가 후기부터 연어 같은 붉은 살 생선을 먹일 수 있습니다. 꽁치, 고등어 같은 등푸른 생선은 기름기가 많으므로 돌 이후에, 돼지고기 역시 지방이 많기 때문에 완료기 이후에 주는 것이 좋습니다.

돌 전에는 꿀을 먹이지 마세요

꿀에는 보톨리누스균이 들어 있는데, 면역력이 약한 돌 전 아이들에게는 장염이나 식중독을 일으킬 가능성이 높아요. 이 균은 높은 온도에서도 죽지 않으므로 돌 전에는 먹이지 않는 것이 좋아요.

돌 전에는 달걀노른자만 주세요

달걀흰자에는 알레르기를 일으킬 수 있는 성분이 들어 있으므로 돌 전에는 노른자만 먹이는 것이 좋아요. 달걀은 철분이 많이 들어 있는 식품이지만 달걀 속의 철분은 다른 식품의 철분 흡수를 오히려 방해하기도 합니다. 따라서 달걀로 이유식을 만들 때는 꼭 비타민이 많이 들어 있는 채소를 함께 넣도록 하세요.

생우유는 돌 이후에 주세요

생우유는 돌 전 아이에게는 알레르기와 빈혈을 일으킬 수 있으므로 돌 이후부터 먹이세요. 요구르트 역시 돌 이후에 주는 것이 좋은데 플레인 요구르트는 첨가물이 없는 것으로 골라 먹이세요. 플레인 요구르트 만드는 기계를 이용해 집에서 만들어 먹이면 더욱 좋습니다.

doctor's guide

05 돌 전까지 이유식에는 간을 하지 마세요

이유식을 할 때는 따로 간을 하지 않아도 됩니다. 어른들 생각에 간을 하지 않은 음식이 무슨 맛이 있을까 싶겠지만 과일이나 채소를 끓이면 달짝지근한 맛이 나고, 고기나 생선도 구수한 맛이 납니다. 이유기에는 제철에 나는 다양한 재료가 지닌 고유한 맛을 경험하게 해주는 것이 중요합니다.

보통 이유식을 잘 먹던 아이들도 8개월 이후가 되면 이유식을 거부하는 경우가 많습니다. 주된 원인은 짠맛이나 신맛을 알게 되었기 때문입니다. 이 시기에 치즈나 사과 등으로 짠맛이나 신맛을 맛보게 되면 아이들도 맛에 대한 성향이 생겨 간이 되어 있지 않은 이유식을 거부할 수 있습니다.

아이가 짠맛을 알게 되었고 8개월이 지났다면 천연 조미료로 조금씩 간을 해줘도 괜찮습니다. 칼슘과 철분이 풍부한 멸치, 새우, 다시마 등을 물에 담가 소금기를 빼고 찌거나 볶아서 가루를 내면 천연 조미료로 쓸 수 있어요. 토마토 케첩이나 마요네즈에도 각각 30g당 1g, 40g당 1g 정도의 소금이 들어 있으니 주의해야 해요. 6세 이전의 아이들은 아직 미각이 제대로 갖춰진 상태가 아니기 때문에 자극적인 맛을 계속 접하면 다양하고 섬세한 미각을 갖추지 못하게 되고, 이것이 식성으로 굳어집니다.

아직 신장 기능이 미숙한 아이들이 짠맛에 길들여질 경우 체내 전해질 농도의 이상을 초래할 우려가 있고, 탈수의 염려도 있습니다. 또한 순환기 장애도 초래하게 되고, 소아 비만의 원인이 될 수 있으며, 편식이 나타날 수도 있습니다.

06 정해진 시간에, 숟가락으로, 앉아서 먹게 하세요

✚ 정해진 시간에 먹이세요

이유식을 처음 시작하는 4~5개월 무렵이라면 모유나 분유를 먹기 전인 오전 10시쯤이 적당해요. 본격적인 이유가 시작되는 6개월부터는 오전 10시와 오후 6시에 한 번씩, 세 끼를 모두 이유식으로 먹게 되는 9개월부터는 오전 6시와 오후 2시, 오후 6시에 한 번씩 먹이다가 차츰 가족의 식사 시간에 맞춰 가세요. 이유식을 먹일 때는 텔레비전을 끄세요.

✚ 숟가락으로 먹이세요

숟가락으로 먹이면 아이가 음식을 입 안에 넣고 우물거리는 동안 그 맛과 향, 질감을 두루 느낄 수 있어요. 그 과정에서 아이의 오감이 발달하고 두뇌가 성장합니다. 반면에 젖병으로 먹이면 배를 채운다는 의미밖에는 없어요. 어떤 육아 학자는 "젖병을 쓰는 한 이유식을 시작한 것이 아니다"라고 이야기하기도 합니다. 어쩔 수 없이 깡통 이유식을 먹여야 하는 경우에도 숟가락으로 먹이세요.

✚ 앉아서 먹게 하세요

자칫하면 기도가 막힐 수도 있기 때문입니다. 이유 초기에는 엄마 무릎에 앉혀서 먹이다가 6~7개월부터는 아이용 식탁에 앉혀서 먹이도록 합니다. 세 끼를 이유식으로 먹게 되면 아이용 식탁 의자를 마련해 가족과 함께 식탁에서 먹이는 것이 좋아요. 이유식을 먹는 중에 움직이는 것을 막을 수 있고, 가족과 함께 하는 식사의 즐거움을 느낄 수 있습니다.

✚ 8~10개월부터는 혼자 먹게 하세요

아이가 스스로 이유식을 먹는 연습을 하면 자신감과 독립심이 길러지고, 직접 숟가락질을 하는 동안 두뇌가 발달합니다. 8~10개월 무렵부터 시작해 보세요. 물론 아직은 먹는 양보다 흘리는 양이 많고, 옷이며 식탁을 더럽혀 놓을 거예요. 치우면 그만이니 아이가 혼자 먹는 모습을 지켜보세요. 15~18개월 무렵에는 서툴게나마 혼자서 밥을 먹을 것입니다.

01 손쉬운 계량법, 이렇게 해보세요

계량스푼 사용법

간장 1큰술

보통 1cc, 2.5cc, 5cc, 15cc의 단위로 나뉘어 있습니다.
1큰술 = 15cc, 1작은술 = 5cc입니다.
즉 1큰술 = 3작은술이 된답니다.

가루류 계량법
예) 설탕 1큰술 | 스푼으로 뜬 뒤 윗면을 평평하게 깎는다.

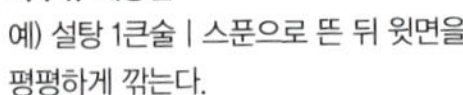

알갱이가 있는 재료 계량법
예) 쌀 1큰술 | 스푼으로 평평하게 담는다.

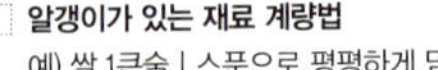

액체류 계량법
예) 간장 1큰술 | 스푼으로 가득 담는다.

계량스푼을 밥숟가락으로 환산하기

집집마다 밥숟가락 크기가 조금씩 달라서 정확하진 않지만, 평균적으로
1밥숟가락 = 10cc입니다.
1큰술 = 15cc이니까 1큰술은 밥숟가락의 1.5배
예) 2큰술 X 15cc = 30cc
여기서 3과 0 사이에 점 하나만 찍어주세요. → 3.0밥숟가락(3밥숟가락)

1작은술 = 5cc이니까
1작은술은 밥숟가락의 1/2배가 됩니다.
예) 2작은술 X 5cc = 10cc
여기서 1과 0 사이에 점 하나만 찍어주세요. → 1.0밥숟가락(1밥숟가락)

1큰술	1.5밥숟가락
2큰술	3밥숟가락
3큰술	4.5밥숟가락
4큰술	6밥숟가락

1작은술	0.5밥숟가락
2작은술	1밥숟가락
3작은술	1.5밥숟가락
4작은술	2밥숟가락

계량컵 사용법

계량컵은 1컵 기준으로 200ml와 240ml가 있어요.
서양 요리는 240ml를, 동양 요리에서는 대개 200ml를 기준으로 합니다.
계량컵은 평평한 면에 놓고 읽어야 정확해요.
눈금이 표시된 아기 분유병, 전기밥솥의 계량컵, 눈금 표시가 있는 미니 믹서기의 컵 등도 계량컵 대용으로 사용할 수 있어요.
때로는 종이컵으로도 계량이 가능합니다.
1컵(200ml) = 가득 채운 1종이컵
하지만 종이컵은 아래로 가면서 좁아지므로 계량하기가 조금 불편하답니다.

이유식 재료 쉽게 계량하기

불린 쌀
10g | 계량스푼에 평평하게 담아서 2작은술
15g | 계량스푼에 평평하게 담아서 1큰술
20g | 계량스푼에 평평하게 담아서
1큰술+1작은술 or 1큰술+$\frac{1}{3}$큰술

쌀 1작은술 쌀 1큰술 쌀 1/3큰술

밥
10g | 계량스푼에 평평하게 담아서 2작은술
15g | 계량스푼에 평평하게 담아서 1큰술
20g | 계량스푼에 평평하게 담아서
1큰술+1작은술 or 1큰술+$\frac{1}{3}$큰술

밥 1작은술 밥 1큰술 밥 1/3큰술

다진 재료들
각 재료들의 수분 함량에 따라 차이가 날 수는 있으며, 으깬 두부와 브로콜리를 제외하고는 계량스푼에 평평하게 담은 1큰술이 10g 분량입니다.

데친 시금치 10g
당근 10g

양배추 10g

애호박 10g

익힌 쇠고기 10g

익힌 닭고기 10g

으깬 두부 10g

데친 브로콜리 6.5g

02 기본 육수 완전 정복, 이유식이 훨씬 쉬워져요

채소 육수 (500ml 분량)

준비할 재료는요 | 무, 양파, 당근, 호박 등의 자투리 채소 200g, 물 5컵

1 이유식에 사용하고 남은 채소를 적당한 크기로 잘라 냄비에 물 5컵 정도를 넣고 끓입니다.
2 끓어오르면 불을 약하게 줄여 재료들이 물러질 때까지 은근하게 끓입니다.
3 중간중간 생기는 거품들은 걷어주세요.
4 면보에 밭쳐 맑은 국물만 걸러냅니다.

채소 육수는 맛이 담백하고 깔끔해 어느 요리에나 잘 어울린답니다. 쇠고기전골 같은 국물 요리에 사용하면 훨씬 깔끔한 맛을 낼 수 있어요.

1

2

4

쇠고기 육수 (500ml 분량)

준비할 재료는요 | 쇠고기(양지머리, 사태) 100g, 물 5컵

1 쇠고기는 찬물에 한 시간 이상 담가 핏물을 뺍니다.
2 냄비에 1의 쇠고기를 물을 넣고 끓입니다. 중간중간 거품들은 걷어냅니다.
3 끓어오르면 불을 약하게 하여 고기가 부드러워질 때까지 은근하게 끓입니다.
4 고기를 건져내고 육수가 식으면 면보에 밭쳐 기름기를 걸러냅니다.

중기부터는 양파, 대파, 마늘 등을 넣어 쇠고기의 누린내를 없앨 수 있어요. 칼국수나 떡국, 된장찌개 등 깊은 맛이 나는 국물 요리에 사용하면 좋아요.

1

2

4

닭고기 육수 (500ml 분량)

준비할 재료는요 | 닭고기(닭다리, 닭 가슴살, 안심, 닭뼈 등) 100g , 물 5컵

1 껍질과 기름기를 제거한 닭고기는 깨끗이 씻은 뒤 물과 함께 넣고 끓입니다.
2 끓어오르면서 생기는 거품은 걷어내고 한소끔 끓어오르면 불을 약하게 줄여 닭고기가 푹 익을 때까지 은근히 끓입니다.
3 고기를 건져내고 육수가 식으면 면보에 밭쳐 기름기를 걸러냅니다.

닭 육수는 국수, 죽, 전골에 사용하면 좋아요. 중기부터는 양파, 대파, 마늘을 넣어도 돼요. 수프, 소스와 중국 요리의 볶음, 국물 요리에 많이 사용해요.

다시마 육수 (500ml 분량)

준비할 재료는요 | 마른 다시마(사방 10cm) 1장, 물 4컵

1 다시마는 행주로 닦아낸 뒤 찬물에 잠깐 담갔다 부드러워지면 꺼내어 4등분합니다.
2 냄비에 다시마와 물을 붓고 끓입니다.
3 끓어오르면 생기는 거품은 걷어내고 중간 불에서 10분 정도 끓입니다.
4 면보에 내려 맑은 국물만 걸러냅니다.

TIP
다시마 육수는 생선 요리에 좋답니다. 생선 조림에 넣으면 맛이 깔끔해져요. 전을 부칠때 다시마 육수로 반죽하면 좀 더 쫀득해져요.

육수 보관법

육수는 보관도 잘 해야 이유식에 제대로 사용할 수 있어요.
냉장 보관할 경우에는 이틀 정도 먹을 수 있는 양만 만들고, 냉동 보관이 가능한 경우에는 5일 정도의 분량을 만드세요.
작은 밀폐 용기나 지퍼 백에 한 끼 분량씩(약 100ml) 나누어 담아 냉동 보관하면 한 번에 하나씩 꺼내어 사용할 수 있어 편리해요.
지퍼 백에 보관할 때엔 식힌 육수를 담아 납작하게 만들어 얼려 세워 보관하면 자리를 차지하지 않아 좋습니다.

PART 2

영양보다는 **적응**이 중요한 시기입니다

이유식 **초기**

생후 4~5개월

이유식을 처음 시작할 때는 무엇보다 엄마의 느긋한 마음가짐이 중요합니다. 백일이 갓 지난 아이에게 이유식을 먹이면 반은 흘리고 반은 삼키는 게 고작이지요. 애써 이유식을 준비한 엄마 입장에서 보면 기운 빠지는 일이지만, 아이 입장에서 생각하면 이는 당연한 일입니다. 생전 처음 젖이나 분유 이외의 음식을 친숙한 젖꼭지나 젖병이 아닌 숟가락으로 먹게 되니 그럴 수밖에 없는 것이죠. 그래서 처음에는 찻숟가락으로 한 숟가락이라도 받아 먹으면 만족해야 합니다. 이 시기에는 모유나 분유를 통해 충분한 영양을 얻고 있으므로 '하루에 한 번 숟가락으로 떠 먹인다'는 원칙만 지키면 초기 이유식은 성공이라 할 수 있습니다.

이 시기의 아이들은

★ **손 주목하기**(3개월~4개월)
아이가 자기 손을 몇 초 동안 주목하고 있습니다.

★ **딸랑이 잡기**(3개월 말~4개월)
딸랑이를 아이의 손가락에다 갖다대면 딸랑이를 잡습니다.

★ **180도로 머리 돌리기**(3개월 말~4개월 중반)
아이 앞에 털실 뭉치를 굴리면 그것을 따라 머리를 180도까지 돌릴 수 있습니다.

★ **옹알이**(3개월~4개월 중반)
옹알이를 합니다.

★ **90도로 머리 들어올리기**(3개월 말~4개월)
아이를 엎어 놓으면 머리를 90도 각도로 들어올릴 수 있습니다.

★ **머리 가누기**(3개월 초~4개월)
아이를 안았을 때 고개를 까딱거리지 않고 잘 가눌 수 있습니다.

★ **다리에 힘주어 서기**(3개월 말~4개월 중반)
아이를 잡고 세우면 다리에 힘을 주면서 서려고 합니다.

★ **두 손에 힘주고 가슴 들기**(4개월 초~4개월 말)
아이를 엎어 놓으면 두 손으로 바닥을 짚고 가슴을 들 수 있습니다.

초기 이유식 원칙

✚ 본격적인 영양 섭취를 위한 준비 기간입니다

아이는 세상에 태어나면서 성장에 필요한 몇몇 영양소를 몸에 지니고 나오는데 생후 5~6개월이 지나면 지니고 나온 단백질이나 비타민, 무기질, 미네랄 등의 영양소가 고갈되어 음식을 통해 섭취해야만 합니다. 아이가 6개월이 넘었는데도 모유나 분유를 주 영양원으로 하면서 다른 영양을 섭취하지 않으면, 칼로리는 충분해 체중은 늘어나지만 성장에 중요한 비타민과 미네랄, 단백질의 부족으로 인해 근골격의 약화나 빈혈을 초래하게 됩니다. 또한 아이들의 뇌세포는 만 10개월 이전에 90% 이상이 생성되고, 만 두 돌까지 평생의 반이 자라므로 이러한 영양소의 불균형은 지능 발달과 성장에도 많은 영향을 줍니다.
생후 4개월경, 또는 체중이 출생 시의 2배가 되었을 때나 6kg이 넘어가면 이유식을 시작해야 합니다. 이 시기의 이유식은 영양이나 칼로리를 공급하기 위함이 아니라 본격적 이유식 시기인 생후 6개월 이전에 그 준비를 하는 단계입니다. 따라서 좋은 것을 주려 애쓰기보다 아이에게 수저로 음식을 받아 먹게 하는 연습 과정이라 이해하세요.

✚ 음식을 혀로 밀어내지 않을 때 시작하세요

모유나 분유를 먹던 아이들은 액체가 아닌 다른 것이 입에 들어오면 본능적으로 혀로 밀어내려 합니다. 이런 반사작용이 사라지는 시기는 생후 4개월 정도입니다. 아이 입에 숟가락이나 음식물을 넣었을 때 혀로 밀어내지 않으면 이유식을 시작해도 좋습니다. 또한 어른이 먹는 모습을 보며 관심을 갖거나, 입을 오물거리기 시작하면 모유나 분유 이외에 다른 음식물을 받아들일 준비가 됐다는 신호로 볼 수 있습니다.

무엇을 먹일까?

✚ 아이가 기분 좋을 때 먹이세요

아이의 첫 음식이니만큼 아이가 기분이 좋을 때 원하는 만큼만 먹이는 것이 좋아요. 보통은 모유나 분유를 먹기 전에 적당히 배가 고파 있고, 아이가 알레르기 반응을 보였을 때 병원에 데리고 갈 시간이 충분한 오전 10시쯤 먹이는 것이 좋습니다.
하지만 아이가 너무 배고픈 상태에서는 빨리 많은 양을 먹을 수 없어 숟가락으로 먹는 이유식을 힘들어할 수 있습니다. 이때는 수유를 조금 한 후에 이유식을 주고 다시 수유를 하는 것이 좋습니다. 아이가 이유식을 규칙적으로 먹기 시작하면 수유 간격을 4시간 정도로 조절하면서 새벽 2~6시 사이에는 수유를 하지 않도록 해보세요.

[초기 이유식 및 수유 시간]

0시	6시	10시	14시	18시	22시
수유	수유	이유식 + 수유	수유	수유	수유

✚ 이유식을 즐겁게 느끼도록 해주세요

무엇보다 중요한 것은 아이가 '이유식을 먹는 것은 즐거운 일'이라는 생각을 갖게 하는 것이에요. 이유식을 먹이기 전 "자, 맘마 먹자" 하고 밝은 목소리로 이야기하는 것은 기본, 이유식을 먹는 중에도 끊임없이 말을 걸며 아이의 관심을 끌고, 기분을 좋게 하는 것이 좋습니다. 또한 아이가 숟가락을 혀로 밀어내거나 싫어하는 표정이 역력하면 억지로 먹이지 말고 다음 날 아이의 컨디션이 좋을 때 다시 시도해보세요.

✚ 쌀미음부터 시작하세요

이유 초기에는 담백하고 알레르기가 적은 쌀미음부터 시작합니다. 아이가 4개월이 되면 위에서 전분 분해 효소가 나와 백미 정도는 쉽게 소화시킬 수 있습니다. 영양만을 생각한다면 현미가 더 나을 수도 있겠지만 현미는 입자가 거칠고 딱딱해서 초기 이유식 재료로 적합하지 않아요. 농도는 모유나 분유와 비슷하게 숟가락을 기울이면 주루룩 흘러내릴 정도의 쌀미음(쌀:물=1:10)으로 시작해 조금씩 진하게 하는 것이 좋습니다.

✚ 쌀미음에 익숙해지면 채소와 과일을 섞어 주세요

아이가 쌀미음에 익숙해지면 감자, 고구마, 당근, 단호박, 애호박 같은 채소와 수박, 멜론, 사과 배, 감 같은 과일로 즙을 내거나 미음에 넣어 먹이세요. 이때는 단맛이 강한 과일보다는 채소를 먼저 넣는 것이 좋아요. 5개월이 되면 양배추나 브로콜리, 콜리플라워 같은 휘발산이 있는 채소도 먹일 수 있어요. 하지만 섬유질이 많고 향이 강한 죽순이나 우엉, 미나리, 깻잎 따위는 피하는 것이 좋습니다. 과일과 채소는 비타민 B군과 비타민 C와 같은 수용성 비타민과 칼슘, 철분 같은 무기질의 좋은 공급원이 됩니다. 초기 이유식은 영양가보다는 새로운 재료의 질감과 맛을 접하게 하는 것이 먼저이기 때문에 너무 무리하게 섞어 먹일 필요는 없습니다.

✚ 한 번에 한 가지씩 첨가하세요

아이가 태어나서 처음 접하는 이유식인 만큼 한 가지 음식을 2~3일 간격으로 주면서 알레르기가 있는지 살펴보는 것도 중요합니다. 만일 기침, 구토, 설사, 발진 같은 알레르기 반응을 보이는 음식이 있으면 초기 단계에서는 피하는 것이 좋습니다. 하지만 한 번의 반응만으로 알레르기 식품이라고 판단하기는 어려우므로 의심이 가는 음식이 있으면 한두 번 더 먹여서 같은 반응이 일어나는지 확인해볼 필요가 있어요. 또한 알레르기 식품이라도 이유식을 한두 단계 더 진행한 다음에 먹이면 괜찮은 경우도 많습니다.

✚ 이유식을 거부할 때는 이렇게 하세요

아이가 이유식을 거부할 때는 절대 억지로 먹여서는 안 됩니다. 이때는 먼저 엄마가 숟가락으로 맛있게 먹는 모습을 보여주세요. 그러고 나서 숟가락 끝에 이유식을 조금만 묻혀 맛만 보도록 한 다음 양을 조금씩 늘려가세요. 그래도 이유식을 거부하면 1~2주 정도 쉬었다가 다시 시도하도록 하세요. 이유식을 먹이기 전에 먼저 숟가락과 친하게 하는 것도 좋은 방법이에요. 알록달록한 색깔과 깜찍한 모양의 아기 숟가락을 쥐어주며 장난감처럼 가지고 놀게 하면 숟가락과 친해질 수 있습니다.

어떻게 얼마나 먹일까?

✚ 한 숟가락씩 서서히 양을 늘려가세요

한 번에 먹이는 양은 찻숟가락으로 한 숟가락부터 시작해 천천히 늘려갑니다. 처음에는 숟가락 앞부분에만 올려 조금만 먹여보고, 아이가 잘 먹으면 3일 정도 지나 반 숟가락 정도 먹여봅니다. 이후에도 잘 먹는다면 1~2주 정도 한 숟가락을 먹이고, 2~3일이 지나면 한 숟가락씩 양을 늘려가세요. 이유 초기에는 찻숟가락으로 3~10술 정도만 먹여도 충분합니다. 아이의 소화기관은 아직 모유나 분유 이외의 음식에 적응된 상태가 아니기 때문에 잘 받아 먹는다고 너무 많은 양을 주었다가는 탈이 나기 쉬우니 양을 잘 조절하도록 하세요.

✚ 모유나 분유를 충분히 주세요

이유 초기의 이유식은 아이에게 충분한 영양원이 되지 않고, 아이 역시 이유식만으로 포만감을 느낄 수 없습니다. 따라서 이유식을 먹기 전이나 먹고 난 후에 수유를 해서 충분한 영양 공급과 함께 포만감을 느끼게 해주세요. 모유나 분유는 하루 600~700ml 정도를 나눠 먹이면 됩니다. 이유식을 먹인 뒤에는 보리차를 몇 숟가락 떠 먹여서 이유식 찌꺼기가 입 안에 남아 세균이 번식하는 일이 없도록 하는 것이 중요하다.

✚ 작고 편평한 이유식 숟가락을 사용하세요

이유 초기는 형태가 있는 음식을 잘 먹을 수 있도록 훈련하는 기간입니다. 이 시기의 아이들은 모유나 분유를 먹던 습관 그대로 이유식을 먹을 때 입을 벌리고 먹어요. 그래서 숟가락을 입 안까지 잘 넣어주지 않으면 삼키는 것보다 흘리는 것이 많게 되지요. 이유식을 먹일 때는 흘리지 않고 잘 삼킬 수 있도록 도와주는 작고 편평한 이유식 숟가락을 사용하는 것이 좋습니다. 이유식 숟가락으로 혀 중간쯤까지 넣어주는 것이 요령이에요. 혀 앞쪽에 음식을 넣어주면 밀어내는 경우가 많기 때문입니다. 아이들은 잘 받아 먹다가도 어느 순간 뱉으려고 할 때도 있는데 인내심을 갖고 연습을 계속하면 점차 좋아집니다.

✚ 씹어 삼키는 모습을 보여주세요

모유나 분유를 꿀꺽꿀꺽 삼켜 먹었던 아이들은 씹어 먹는 것 자체를 힘들어할 수 있습니다. 그래서 어느 정도 덩어리가 있는 음식도 씹지 않고 꿀꺽 삼키려는 모습을 보이기도 합니다. 턱을 위아래로 움직여 음식을 씹는 훈련을 할 수 있도록 엄마가 음식을 입에 넣고 '냠냠'하면서 씹는 모습을 보여주는 것도 좋습니다. 아이는 엄마를 따라 하며 씹는 요령을 익히게 됩니다.

[이유 초기의 하루치 열량과 영양소]

열량	500kcal
단백질	15~20g
칼슘	200~300mg
철분	2~6mg
비타민 A	350μgRE

[이유 초기 필요한 식품군 및 양과 횟수]

식품군	한 끼 분량	횟수	가능 식품	피할 식품
곡류	불린 쌀 5~10g (1~2작은술)	1회	쌀, 찹쌀, 오트밀 감자, 고구마	쌀, 찹쌀, 오트밀, 감자 고구마 외 전부
채소류	5~10g (1~2작은술)	1~2회(쌀미음에 넣어 먹이거나 즙을 내어 끓인 다음 희석해서 먹인다)	당근, 애호박 같은 채소	향이 강하고 섬유질이 많은 채소(시금치, 죽순, 우엉, 깻잎 등)
과일류	10~20g (2~4작은술)	1~2회(쌀미음에 넣어 먹이거나 즙을 내어 끓인 다음 희석해서 먹인다)	사과, 배, 수박 같은 과일	토마토, 자두, 포도, 참외, 복숭아, 딸기, 키위, 오렌지, 레몬, 체리, 망고

초기 이유식에 관한 궁금증 Q&A

Q 쌀미음 이유식을 시작한 지 일주일이 되었습니다. 며칠 후에 채소미음도 먹여보려고 해요. 과일이나 채소는 삶아서 사용하라고 하던데 이 경우 영양소가 파괴되지 않나요?

이유식 초기는 영양소를 생각할 때가 아닙니다. 아이스크림도 끓여서 주어야 할 만큼 아이가 먹는 모든 음식은 열처리를 해야 합니다. 지금은 간을 하지 않은 밋밋한 음식을 주고 있어서 과일이나 채소즙을 그대로 주면 아이가 상대적으로 강한 맛에 익숙해져 쌀 중심의 이유식을 싫어할 수 있습니다. 이유 초기에는 모든 재료를 반드시 끓여서 희석해 주도록 하세요.

Q 저희 아이는 8개월 만에 태어나서 다른 아이들에 비해 1개월 정도 성장 속도가 느린데 이럴 경우 이유식도 다른 아이들보다 늦게 시작해야 하나요?

8개월 만에 태어난 경우는 조산아가 아닌 정상적 출산이니 걱정하지 않아도 됩니다. 초기 이유식은 아이에게 영양이나 칼로리를 공급하기 위함이 아니라 모유 이외의 음식을 수저로 받아 먹는 연습을 시키는 것이 목적입니다. 출생한 날로부터 개월 수에 맞춰 이유식을 진행하면 됩니다.

Q 쌀미음에 고구마를 섞어서 먹이니 녹색 알갱이가 섞인 변을 보는데 괜찮은가요?

녹변에 알갱이가 섞여 나오는 것은 정상적인 변이니 너무 걱정하지 않아도 됩니다. 아이가 잘 놀고, 변 보는 시간도 일정하다면 지금까지 해오던 대로 이유식을 진행하세요.

Q 150일 된 여자 아이를 키우고 있습니다. 완전 모유 수유를 하고 있는데 이 경우에는 이유식을 조금 늦게 시작해도 된다는 얘길 들었어요. 이유식을 언제 시작하면 되나요?

모유를 먹이건 분유를 먹이건, 아토피가 있건 없건 성장에 필요한 영양소 공급 원칙에는 변화가 없습니다. 아이가 태어나면서 엄마로부터 받은 영양소는 생후 6개월이 되면 다 소모되므로 이때부터는 모유 외의 음식을 통해 영양소를 공급해줘야 합니다. 하지만 6개월이 되자마자 갑자기 이유식을 하기는 힘들기 때문에 생후 100일에서 4개월이 넘으면 쌀미음부터 시작하여 아이에게 모유 이외의 음식을 수저로 받아 먹는 연습을 시켜야 하는 것이지요.

Q 아토피가 있는 아이의 경우 이유식 시기를 늦춰야 한다고 하던데 맞는 말인지 궁금합니다.

아이에게 아토피가 있다고 하여 이유식 시작 시기를 늦추는 것은 적절한 영양 공급을 늦추는 것과 마찬가지입니다. 적절한 시기에 적당한 영양 공급을 받지 못하면 아이의 성장 발달에 문제가 생깁니다. 아토피가 있는 경우 이유식을 뒤로 미룰 것이 아니라 병원 진료를 통해 아토피의 특성을 파악한 후 아이에게 맞는 이유식을 설계해야 합니다. 이유식을 미루면 이유식에 대한 적응이 늦어지고, 아이에게 고집도 생겨 자기 입에 맞는 음식만 먹으려 하므로 바른 식습관을 기르기 힘듭니다.

Q 쌍둥이를 키우고 있는 엄마입니다. 이유식을 직접 만들어 주어야 하는데 쌍둥이다보니 매일 만들기가 쉽지 않네요. 한꺼번에 만들어놓고 냉동 보관한 다음 해동해서 먹여도 괜찮은지요?

냉동 보관은 큰 문제가 되지 않습니다. 아이가 한 번에 먹을 분량만큼씩 포장해서 냉동한 후 중탕 방법으로 해동해서 먹이면 됩니다. 하지만 1주일 분량 이상을 미리 만들어놓는 것은 좋지 않아요. 신선한 재료로 만들어 바로 먹이는 것이 가장 좋으므로 너무 오랜 기간 냉동을 하지 않도록 하세요.

밥으로 미음 만들기

아기 이유식을 꼭 쌀로 만들라는 법은 없답니다. 엄마, 아빠가 먹는 밥으로도 편하게 만들 수 있어요.
밥에 물 1큰술 정도를 넣고 절구로 곱게 으깹니다. 이후 끓이고 거르는 나머지 과정은 쌀미음과 같습니다.

쌀미음

아기에겐 처음 경험하는 이유식이 낯설 수도 있어요.
알레르기 반응이 적고 **소화**가 잘 되어 제일 처음 시작하게 되는 이유식입니다.
조급하게 생각하지 말고 한 숟가락부터 시작하세요.

- 믹서기에 들어가는 물은 분량의 물에서 사용하면 돼요. 물 대신 모유나 분유 탄 물을 사용해도 좋아요.
- 주걱으로 젓지 않으면 쌀가루가 뭉쳐서 덩어리지기 쉽답니다. 주걱 대신 작은 거품기로 저어도 좋아요.
- 6개월 이후의 아기라면 체에 거르지 않아도 돼요.

준비할 재료는요 | 불린 쌀 1큰술, 물 150ml(쌀 1 : 물 10)

이렇게 만들어요

1 쌀은 깨끗이 씻어 30분 정도 찬물에 불려 준비합니다.
2 불린 쌀은 물 1~2큰술 정도를 넣고 믹서기나 절구로 곱게 갈아주세요.
3 냄비에 간 쌀과 물을 넣고 센 불에서 끓이다가 한소끔 끓어오르면 약한 불로 줄이고 주걱으로 저어가며 밥알이 부드럽게 퍼질 때까지 끓입니다.
4 끓인 미음은 고운 체에 걸러줍니다.

양배추고구마미음

준비할 재료는요 | 불린 쌀 10g(2/3큰술), 양배추 10g(2/3큰술), 고구마 10g(1큰술), 물 120ml

이렇게 만들어요

1 쌀은 깨끗이 씻어 30분 정도 찬물에 불려 준비합니다.
2 불린 쌀은 물 1~2큰술 정도를 넣고 믹서기나 절구로 갈아주세요.
3 양배추는 깨끗이 씻은 후 두꺼운 부분은 칼로 도려내고 부드러운 잎 부분만 믹서에 넣고 곱게 갈아주세요.
4 고구마는 삶거나 쪄서 껍질을 벗겨 체에 으깨면서 내려줍니다.
5 냄비에 간 쌀과 물을 넣고 센 불에서 끓이다가 약한 불로 줄이고 주걱으로 저어가며 밥알이 퍼질 때까지 끓입니다.
6 마지막에 갈아둔 양배추와 으깬 고구마를 넣고 1분 정도 더 끓여 냅니다.

약간은 퍽퍽한 고구마에 수분이 많은 양배추를 섞었어요.

양배추당근미음

준비할 재료는요 | 불린 쌀 10g(2/3큰술), 양배추 10g(2/3큰술), 당근 5g(1작은술), 물 120ml

이렇게 만들어요

1 쌀은 깨끗이 씻어 30분 정도 찬물에 불려 준비합니다.
2 불린 쌀은 물 1~2큰술 정도를 넣고 믹서기나 절구로 갈아주세요.
3 양배추는 깨끗이 씻은 후 두꺼운 부분은 칼로 도려내고 부드러운 잎 부분만 믹서에 넣고 곱게 갈아주세요.
4 당근은 강판에 곱게 갈아 준비합니다.
5 냄비에 간 쌀과 물을 넣고 센 불에서 끓이다가 한소끔 끓어오르면 약한 불로 줄이고 주걱으로 저어가며 끓입니다.
6 마지막에 갈아둔 양배추와 당근을 넣고 1분 정도 더 끓여 냅니다.

물 대신 분유 탄 물을 사용해도 좋아요.

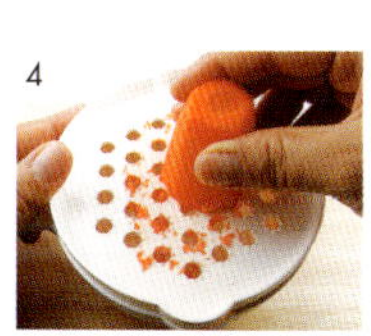

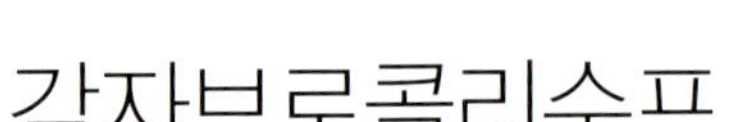

감자브로콜리수프

준비할 재료는요 | 불린 쌀 10g(2/3큰술), 감자 10g(2/3큰술), 브로콜리 5g(1작은술), 모유나 분유 탄 물 120ml

이렇게 만들어요

1 쌀은 깨끗이 씻어 30분 정도 찬물에 불려 준비합니다.
2 불린 쌀은 물 1~2큰술 정도를 넣고 믹서기나 절구로 갈아주세요.
3 감자는 삶거나 쪄서 껍질을 벗겨 체에 으깨면서 내려줍니다.
4 브로콜리는 살짝 데친 뒤 꽃잎 부분만 잘라 믹서기에 갈아주세요.
5 냄비에 간 쌀과 물을 넣고 센 불에서 끓이다가 약한 불로 줄이고 주걱으로 저어가며 밥알이 부드럽게 퍼질 때까지 끓입니다.
6 마지막에 브로콜리와 으깬 감자를 넣고 1분 정도 더 끓여 냅니다.

감자오이미음

준비할 재료는요 | 불린 쌀 10g(2/3큰술), 감자 10g(2/3큰술), 오이 10g(1큰술), 물 120ml

이렇게 만들어요

1 쌀은 깨끗이 씻어 30분 정도 찬물에 불려 준비합니다.
2 불린 쌀은 물 1~2큰술 정도를 넣고 믹서기나 절구로 갈아주세요.
3 감자는 삶거나 쪄서 껍질을 벗겨 체에 으깨면서 내려줍니다.
4 오이는 껍질을 벗긴 뒤 돌려깎아 가운데의 씨 부분을 빼고 믹서에 곱게 갈아주세요.
5 냄비에 간 쌀과 물을 넣고 센 불에서 끓이다가 한소끔 끓어오르면 약한 불로 줄이고 주걱으로 저어가며 밥알이 부드럽게 퍼질 때까지 끓입니다.
6 마지막에 갈아둔 오이와 으깬 감자를 넣고 1분 정도 더 끓여 냅니다.

배미음

달콤하고 시원한 맛이라 우리 아이들이 아주 잘 먹었던 이유식 중 하나예요.
목이 마를 때 배 한 조각이면 모든 **갈증**이 사라지지요.
또한 배 특유의 **달콤한 맛**에 아이들도 빙그레 웃는답니다.

6개월 이후의 아기라면 체에 거르지 않아도 돼요.

준비할 재료는요 | 불린 쌀 10g(2/3큰술), 배 10g(2/3큰술), 물 120ml

이렇게 만들어요

1 쌀은 깨끗이 씻어 30분 정도 찬물에 불려 준비합니다.
2 불린 쌀은 물 1~2큰술 정도를 넣고 믹서기나 절구로 곱게 갈아주세요.
3 배는 껍질을 벗기고 강판에 곱게 갈아 준비합니다.
4 냄비에 간 쌀과 물을 넣고 센 불에서 끓이다가 한소끔 끓어오르면 약한 불로 줄이고 갈아둔 배를 넣고 주걱으로 저어가며 밥알이 부드럽게 퍼질 때까지 끓입니다.
5 끓인 미음은 고운 체에 걸러줍니다.

Q 감기 걸린 아이들에게 배즙을 먹이기도 하던데 괜찮을까요?

A 물론입니다. 중탕으로 익힌 배를 갈아 즙을 내 먹이면 열과 기침을 가라앉히는 효과가 있습니다.

찹쌀미음

따뜻한 성질을 가진 찹쌀은 소화도 잘 되고 위와 장을 튼튼하게 해준답니다. 철분도 많이 들어 있어 자칫 철분이 부족하기 쉬운 아기에게 아주 좋은 재료입니다. 찹쌀은 점성이 높아 뭉칠 수 있으므로 쌀을 조금 섞는 것이 좋아요.

1

2

준비할 재료는요 | 불린 쌀 7g(1.5작은술), 불린 찹쌀 3g(1작은술), 물 120ml

이렇게 만들어요

1 쌀과 찹쌀은 깨끗이 씻어 30분 정도 찬물에 불려 준비합니다.
2 불린 쌀은 물 1~2큰술 정도를 넣고 믹서기나 절구로 곱게 갈아주세요.
3 냄비에 간 쌀과 물을 넣고 센 불에서 끓이다가 한소끔 끓어오르면 약한 불로 줄이고 주걱으로 저어가며 밥알이 부드럽게 퍼질 때까지 끓입니다.
4 끓인 미음은 고운 체에 걸러줍니다.

단호박당근미음

준비할 재료는요 | 불린 쌀 10g(2/3큰술), 단호박 10g(2/3큰술), 당근 10g(1큰술), 물 120ml

이렇게 만들어요

1 쌀은 깨끗이 씻어 30분 정도 찬물에 불려 준비합니다.
2 불린 쌀은 물 1~2큰술 정도를 넣고 믹서기나 절구로 갈아주세요.
3 당근은 강판이나 믹서기로 곱게 갈아 준비합니다.
4 단호박은 껍질을 벗기고 속을 파내 삶은 뒤 체에 내려줍니다.
5 냄비에 간 쌀과 물을 넣고 센 불에서 끓이다가 끓어오르면 약한 불로 줄이고 주걱으로 저어가며 끓입니다.
6 마지막에 으깬 단호박과 당근을 넣고 1분 정도 더 끓여 냅니다.

단호박콜리플라워수프

준비할 재료는요 | 불린 쌀 10g(2/3큰술), 단호박 10g(2/3큰술), 콜리플라워 5g(1큰술), 모유나 분유 탄 물 120ml

이렇게 만들어요

1 쌀은 깨끗이 씻어 30분 정도 찬물에 불려 준비합니다.
2 불린 쌀은 물 1~2큰술 정도를 넣고 믹서기나 절구로 갈아주세요.
3 콜리플라워는 질긴 줄기는 떼어낸 뒤 끓는 물에 살짝 데쳐 꽃 부분만 곱게 다지거나 믹서기에 갈아 준비합니다.
4 단호박은 껍질을 벗기고 속을 파내 삶은 뒤 체에 으깨면서 내려줍니다.
5 냄비에 간 쌀과 물을 넣고 센 불에서 끓이다가 한소끔 끓어오르면 약한 불로 줄이고 주걱으로 저어가며 끓입니다.
6 마지막에 으깬 단호박과 콜리플라워를 넣고 1분 정도 더 끓여 냅니다.

PART 3

균형 잡힌 **영양**이 필요한 시기입니다

이유식 중기

생후 6~8개월

생후 6~8개월 된 아이들은 아직 칼로리는 모유나 분유에 의존하지만, 엄마 뱃속에서 받아 나온 영양소들을 다 써버린 상태이기 때문에 이유식을 통해 성장에 필요한 단백질과 필수 지방산, 비타민과 미네랄을 섭취해야 합니다. 이 시기가 되면 아이의 몸도 더 많은 영양을 받아들일 차비를 하게 되지요. 연한 잇몸을 뚫고 하얀 젖니가 올라오고, 혀를 자유롭게 움직일 수 있게 돼서 음식을 주면 혀를 사용하여 어금니 쪽으로 음식을 보내 오물거립니다. 소화력에도 변화가 생겨 단백질과 지방을 분해하는 효소도 활발하게 분비되기 시작합니다. 이런 변화에 맞춰 균형 잡힌 이유식으로 아이의 성장을 도와야 합니다.

이 시기의 아이들은

★ **혼자 먹기**(6개월~6개월 중반)
아이가 혼자서 손으로 음식을 먹을 수 있습니다.

★ **소리 나는 쪽으로 고개 돌리기**(5개월 중반~6개월 중반)
아이를 앉혀놓고 귓가에서 아이 이름을 불렀을 때 소리 나는 쪽으로 고개를 돌립니다.

★ **앉히면 머리 따라오기**(4개월 초~6개월 초)
아이를 똑바로 눕힌 상태에서 아이 손을 잡고 천천히 당겨 앉히려고 하면 머리가 처지지 않고 몸과 일직선을 이루며 따라 올라옵니다.

★ **털실 쳐다보기**(6개월 중반~7개월 초)
아이가 볼 수 있는 높이에서 털실 뭉치를 떨어뜨리면 아이가 떨어지는 실을 따라 시선을 움직이거나 털실이 떨어진 곳으로 이동합니다.

★ **건포도 잡기**(6개월 중반~7개월 중반)
아이가 잡기 쉬운 높이에 건포도를 늘어놓았을 때 손 전체를 이용해서 건포도를 잡을 수 있습니다.

★ **블록 옮기기**(6개월 말~8개월)
아이가 블록을 한 손에서 다른 손으로 옮길 수 있습니다.

★ **단음절 말하기**(6개월 중반~7개월 중반)
아이가 '가' '다' '마' '바' 처럼 자음과 모음이 합쳐진 단음절을 말할 수 있습니다.

★ **말소리 흉내내기**(6개월~9개월)
엄마가 뽀뽀하는 소리나 혀 차는 소리를 냈을 때 따라 합니다.

★ **도움 없이 앉기**(6개월 초~7개월)
아이가 기대지 않고 앉을 수 있습니다.

★ **붙잡고 서기**(8개월 초~8개월 말)
아이가 사람이 아닌 물체를 붙잡고 5초 이상 서 있을 수 있습니다.

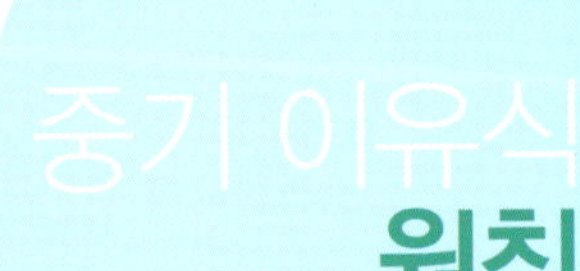

✚ 양질의 동물성 단백질이 필요해요

칼로리보다 영양소가 더 중요할 시기로, 동물성 단백질을 섭취해야 합니다. 동물성 단백질은 완전 단백질으로서 아기들의 성장에 중요한 필수 아미노산이 고르게 들어가 있어요. 식물성 단백질은 불완전 단백질로서 필수 아미노산이 부분적으로 들어가 있고, 제한 단백질로 같은 양의 음식 속에 단백질의 함유량이 상대적으로 적어요. 동물성과 식물성 단백질의 비율은 3:1 정도가 적당합니다.

✚ 모유나 분유로 칼로리를 유지해 주세요

이유 중기는 모유나 분유를 통해 아이에게 필요한 열량 중 70%를 공급해야 하는 시기로, 이유식뿐 아니라 모유나 분유량도 늘려야 해요. 이유 초기보다 조금 많은 800ml 정도를 서너 번에 나눠 먹이도록 하세요. 아직은 이유식만으로 한 끼에 필요한 영양과 포만감을 느끼기는 힘들므로 이유식을 먹인 후 바로 수유를 하는 것이 좋아요. 그렇지 않으면 이유식 하고 1~2시간 후에 또 수유를 하게 되어 식사 시간도 불규칙해지고, 엄마도 그만큼 힘들어집니다.

✚ 컵으로 마시는 연습을 시키세요

아이가 혼자서 젖병을 들고 먹을 줄 안다면 컵을 들고 마시는 연습을 시켜보는 것도 좋아요. 뚜껑이 달린 컵에 분유나 과일즙, 채소즙 등을 한 모금씩 담아 마시게 하면 젖병을 떼기가 훨씬 수월해집니다. 컵으로 마시는 연습이 잘 안 되면 아이는 돌이 지나서도 젖병에 매달리게 되고 심지어는 두 돌까지도 젖병에 우유를 넣어 먹으려 합니다. 모유를 먹는 아이도 마찬가지로 컵으로 마시는 연습을 하면 젖떼기가 수월합니다.

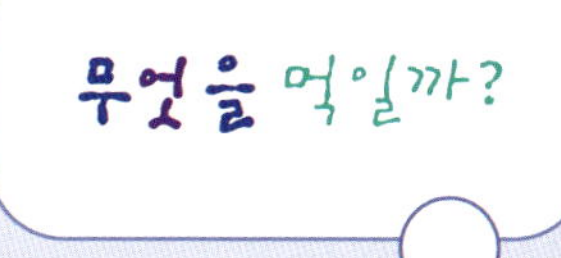

✚ 식사 전후 인사를 하게 하세요

이유식을 먹기 전에는 손을 깨끗이 닦아주고, 먹고 난 후에는 입 주변을 닦아주고 보리차 등으로 입 안을 헹구어주세요. 그리고 엄마가 대신 "잘 먹겠습니다" "잘 먹었습니다" 하고 인사를 해주는 것도 잊지 마세요.

✚ 하루 두 번 이유식을 먹이세요

이유 중기부터는 아기 밥공기로 반 공기 정도 분량의 이유식을 오전 10시와 오후 2시에 먹여주세요. 이 시간은 아이가 활동량이 많은 때라 적당히 배가 고파 있어 새로운 음식을 줘도 별 거부감이 없이 잘 받아 먹습니다. 중기 이유식은 음식을 꿀꺽 삼키는 것이 아니라 입 안에 넣고 우물우물 으깨 먹기 때문에 초기 이유식보다 시간이 많이 걸립니다. 아이가 입 안에 든 음식물을 삼키기를 기다렸다가 다음 숟가락을 건네는 여유가 필요합니다.

[중기 이유식 및 수유 시간]

6시	10시	14시	18시	22시
수유	이유식	이유식	수유	수유

Tip: 보행기 사용은 늦을수록 좋아요

아이의 근골격과 운동 능력의 발달은 머리에서 다리 방향으로 진행되는데, 만약 아이를 보행기에 앉혀두면 허리 근육보다 다리 근육이 먼저 발달해 허리 근육이 약해질 위험이 큽니다. 보행기에 앉혀 이유식을 먹이면 아이가 이리저리 움직이려고 하므로 이 또한 좋지 않습니다. 보행기는 되도록 사용하지 않는 것이 좋고, 사용하더라도 8~10개월 이후가 적당합니다.

✚ 단백질 식품을 꼭 챙기세요

중기 이유식에는 곡류나 과일, 채소뿐 아니라 쇠고기, 닭고기, 생선, 달걀노른자, 두부, 치즈 같은 단백질 식품도 두루 먹일 수 있어요. 양질의 동물성 단백질은 필수 아미노산을 고르게 함유하고 있고, 흡수율이 높아 근골격의 성장에 중요한 영양소가 됩니다. 또한 이 시기에 빈혈이 오기 쉬운데 이를 예방할 수 있는 철분이 풍부합니다. 생후 6개월이 되면 엄마 몸속에서 받아 나온 철분의 양은 줄어들고 성장에 필요한 철분의 양은 늘어나기 때문에 철분이 많은 식품으로 영양을 보충해주어야 합니다. 철분의 흡수를 위해서는 동물성 단백질과 함께 신선한 채소류와 과일을 섭취해야 해요. 그리고 비타민 D의 섭취를 위해 야외 활동을 통해 햇빛을 쬐어줘야 합니다. 칼슘 성분이 부족하면 뼈와 이가 약해질 수 있으므로 멸치, 치즈, 해조류 등 칼슘과 인이 풍부한 식품을 먹이는 것도 좋습니다.

✚ 다양한 재료를 맛볼 수 있도록 해주세요

이유 중기부터 다양한 재료를 맛보게 함으로써 고른 입맛을 길러 편식을 예방하는 것이 중요해요. 곡류 및 전분류, 채소류 및 과일류, 고기, 생선, 달걀 및 콩류, 우유 및 유제품, 유지류 및 견과류 등 5가지 식품군을 골고루 섭취할 수 있도록 해주세요. 예를 들어 오전에 채소가 들어간 죽을 먹였으면, 오후에는 채소와 고기가 들어간 죽을 먹이고, 간식으로 과일을 조금 갈아주고, 모유와 분유를 충분히 먹이면 5가지 식품군을 모두 섭취한 것입니다.

✚ 어른이 먹는 음식은 주지 마세요

중기 이유식이 어느 정도 진행되면 아이를 식탁에 앉혀놓고 어른들이 먹는 음식 중 부드럽고 간이 약한 것을 아이 입에 넣어주는 경우가 많습니다. 하지만 돌 전까지는 어른이 먹는 음식을 주어서는 안 됩니다. 어른이 먹는 음식은 아무리 간을 약하게 했다 하더라도 염분이 있어 아이에게는 자극적으로 느껴질 수 있고 아이의 입맛을 바꿀 수 있습니다.

✚ 중기 이유식 재료와 양을 알아두세요

곡류	불린 쌀과 찹쌀, 차조 등을 한 번에 15~20g(3~4작은술) 정도 사용하세요. 아이가 한 번에 먹는 이유식의 양은 대략 아기 밥공기로 1/2~3/5 정도입니다.
채소와 과일	향이 강하거나 섬유질이 질기지 않은 것으로 초반에는 10~20g(2~4작은술) 정도 먹이다가 후반으로 가면 20~30g(4~6작은술) 정도로 늘려주세요.
육류	10~20g(2~4작은술) 정도 먹일 수 있어요. 쇠고기는 안심이나 등심, 우둔살을 쓰고 닭고기는 가슴살을 씁니다. 생선은 가자미나 대구, 명태처럼 기름기가 적은 흰살 생선을 쓰다가 후반으로 가면 연어 같은 붉은 살 생선도 조금씩 먹여보세요. 달걀노른자는 1/2개, 유아용 치즈도 1/2장 정도가 적당합니다.
기타	이유 중기 후반으로 가면 다진 버섯도 10g(2작은술) 정도, 견과류도 5g(1작은술) 정도 먹여볼 수 있어요.

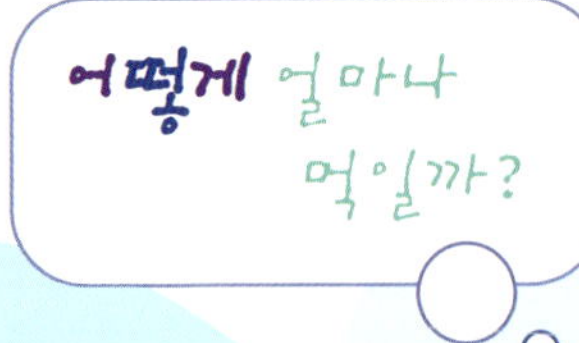

✚ 조금 씹히는 느낌이 나도록 조리하세요

아이는 젖니가 나면서부터 씹고 싶어하는 욕구도 커집니다. 치아의 발육을 위해서나 아이의 씹고자 하는 욕구를 충족시켜주기 위해서 중기 이유식은 조금 씹히는 느낌이 있게 조리하는 것이 좋습니다. 재료를 완전히 갈지 말고 두부 정도 굳기로 조리하고, 8개월에는 손으로 집어 먹을 수 있는 음식을 주어 스스로 먹는 연습을 하게 해주세요. 죽을 예로 들면 쌀을 불려 3번 정도 간 다음 6배의 물을 붓고 끓여 묽은 죽을 만들어 주면 됩니다.

✚ 정해진 자리에서 이유식을 먹이세요

이유 중기부터는 정해진 자리에서 이유식을 먹는 습관을 들일 필요가 있습니다. 아이를 방바닥에 앉혀서 이유식을 먹이면 이리저리 돌아다니느라 이유식에 잘 집중을 하지 못합니다. 그 버릇을 그대로 방치하면 자라서도 식사 때마다 엄마가 밥숟가락을 들고 쫓아다니게 되니 주의해야 해요. 6개월이 지난 아이는 아이용 식탁 의자 등에 앉혀놓고 이유식을 먹이는 것이 원칙입니다. 그래야 아이도 '밥은 정해진 장소에서 먹는 것'이라는 사실을 받아들이게 됩니다.

✚ 아이의 음식 탐구를 너그러이 지켜봐주세요

생후 6개월이 지나 어느 정도 손 사용이 자유로워진 아이들은 무엇이든 손으로 만지며 탐색을 합니다. 이유식을 먹을 때도 마찬가지죠. 엄마가 먹여주는 숟가락을 빼앗기도 하고, 자기가 먹겠다며 서툰 숟가락질을 하기도 합니다. 이런 행동은 지극히 정상적인 것입니다. 이런 과정을 통해 아이들은 '스스로 먹는 방법'을 익힙니다. 식탁이 지저분해지거나 아이 옷이 엉망이 되더라도 아이의 이런 행동을 너그러이 지켜봐주세요. 이때 이유식용 턱받이를 사용하면 옷이 더러워지는 것을 막을 수 있어요.

✚ 8개월 후반부터는 하루 세 번 먹이세요

8개월 후반부터는 이유식 먹이는 시간을 가족들의 식사 시간과 같이 하루 세 끼로 맞춰주세요. 이유식의 끼니를 늘리는 기준은 아이가 매끼 아이 밥공기로 반 이상 먹을 때입니다. 두 끼에서 세 끼로 늘릴 때도 한 숟가락부터 시작하여 조금씩 양을 늘려주세요. 이유식의 양이 늘어날수록 수유량은 줄어드는데 아직까지는 모유나 분유가 주된 영양 공급원이므로 이유식을 먹인 후 아이가 원하는 만큼 수유해주세요.

[이유 중기의 하루치 열량과 영양소]

열량	750kcal
단백질	20g
칼슘	300mg
철분	8mg
비타민 A	350㎍RE

[이유 중기에 필요한 식품군 및 양과 횟수]

식품군	한 끼 분량	횟수	가능 식품	피할 식품
곡류	불린 쌀 15~20g (3~4작은술)	2회	쌀, 찹쌀, 오트밀 감자, 고구마	단단한 잡곡 (밀, 보리, 현미 등)
육류	10~20g (2~4작은술)	한 가지를 택해서 1~2회	쇠고기(등심, 안심, 우둔살), 닭고기(가슴살)	돼지고기
어류	10~20g (2~4작은술)		흰살 생선, 새우살, 게살 등	등푸른 생선, 오징어, 조개류
알류	달걀노른자 1/2개		달걀노른자	달걀흰자
콩류	두부 10~20g(1/40 ~1/20모), 콩 3알		두부, 대부분의 콩	두유
우유 및 유제품	유아용 치즈 1/2장 또는 플레인 요구르트 1/2개	1회(이유식에 넣어서 또는 간식으로 준다)		생우유, 요구르트
채소류	10~20g (2~4작은술)	2~3회(이유식에 넣어서 또는 간식으로 준다)	시금치, 당근, 애호박, 브로콜리, 양배추	향이 강하고 섬유질이 많은 채소(죽순, 우엉, 깻잎)
과일류	20~30g (4~6작은술)	1~2회(이유식에 넣어서 또는 간식으로 준다)	사과, 배, 수박 등	복숭아, 오렌지, 레몬, 체리, 망고, 파인애플
유지류	1g (1~2방울)	1~2회	참기름, 식용유, 버터, 잣, 호두, 깨	버터를 제외한 동물성 지방류, 땅콩류

중기 이유식에 관한 궁금증 Q&A

Q 8개월 20일 된 남아가 얼마 전부터 이유식을 먹으려 하지 않습니다. 어떻게 하면 좋을까요?

이유식을 잘 먹던 아이도 8개월쯤 되면 이유식을 거부하는 경우가 생깁니다. 어른들이 먹는 음식을 먹거나 유아용 치즈 등을 먹었을 경우 짠맛을 알게 되어 간이 되어 있지 않은 이유식을 거부하게 되는 것이지요. 보통은 시간이 지나면 나아지는데, 그렇지 않을 경우 멸치 가루나 다시마 가루 등으로 조금씩 간을 해주어도 좋습니다. 또한 아이가 너무 배가 고프면 이유식으로는 빨리 포만감을 느낄 수 없기 때문에 거부할 수 있습니다. 이때는 어느 정도 수유를 해서 배고픔을 가시게 한 다음 이유식을 줘보세요. 이유식을 거부한다고 며칠 동안 중단하면 다시 시작할 때 더 힘들어질 수 있어요. 조금이라도 정해진 시간에 정해진 장소에서 먹는 연습을 해야 합니다.

Q 고기를 넣은 죽을 먹였더니 아이의 얼굴에 알레르기 반응이 나타났습니다. 그 다음날 고기를 넣지 않으니 피부가 깨끗해졌어요. 이 경우 고기를 먹이지 말아야 하나요?

만약 아이가 특정한 음식을 먹은 후 알레르기 반응을 보인다면 검사를 통해 아이의 알레르기 유무를 확인하고, 또 그 특성을 파악한 후 그 음식을 피하는 것만이 아니라 다른 안전한 영양원으로의 대체 식단을 짜도록 해야 합니다. 알레르기를 보인다 해서 이유식을 무조건 제한적으로 하는 것은 바람직하지 못합니다.

Q 8개월 된 아이가 이유식보다 밥을 잘 먹어요. 쇠고기 채소죽을 싫어하기에 손가락으로 밥알을 떠 먹여보니 잘 먹더라고요. 숟가락 연습을 해야 할 텐데 걱정입니다.

생후 4개월부터 이유식을 시작해야 하는 중요한 이유가 바로 여기에 있습니다. 생후 4개월부터 숟가락으로 음식을 받아 먹는 연습을 시작해서 아이가 수저에 적응할 수 있도록 해야 하는데 그 시기가 늦어지면 수저에 대한 거부감을 가지게 될 수 있습니다. 아이가 이유식을 거부한다고 해서 손으로 밥알을 주는 것은 좋지 않습니다. 오히려 숟가락과 더 멀어지게 되고, 충분히 씹는 연습을 하지 않은 상태에서 밥알을 먹으면 씹지 않고 꿀꺽 넘기는 버릇이 생기게 되므로 주의해야 합니다.

Q 아이에게 아토피가 있어 6개월에 이유식을 시작했는데 어떻게 진행해야 하는지 궁금합니다. 4개월에 시작한 아이들처럼 미음부터, 아니면 중기부터 바로 시작해도 되는지요?

이유식이 늦었을 경우에는 아이가 적당히 먹을 수 있는 농도의 죽에서 시작해 1~2개월 사이에 제때에 이유식을 시작한 아이들을 따라간다는 생각으로 빨리 진행하는 것이 좋습니다. 쌀죽에 채소와 고기를 2~3일에 한 가지씩 섞으면서 알레르기 유무를 확인하고, 다양한 맛을 볼 수 있도록 매번 재료를 바꾸어 만들어 주세요. 또한 이유식을 하면서 영양 일지를 만들어 아이의 이유식에 대한 반응과 함께 피부 등에 알레르기 반응을 보이는 것을 기록하면 아이의 식단 구성에 큰 도움이 될 거예요.

Q 쌀죽을 끓일 때 맹물 대신 사골 국물을 써도 되나요?

사골 국물에는 칼슘과 단백질뿐 아니라 지방도 많이 들어 있습니다. 따라서 어쩌다 이유식 재료로 사용하는 것은 모르겠으나, 매번 물 대신 사용하는 것은 적절하지 못합니다. 이 시기의 아이는 다양한 맛에 대한 경험을 하는 것이 중요하므로 밑바탕이 되는 재료는 향이 자극적이지 않고, 원 재료의 맛에 영향을 주지 않는 물이 더 바람직합니다.

검은깨죽

노화 방지에 좋다는 검은깨로 만든 죽입니다. 약간 **깔깔한 느낌**이 있어 아기들이 좋아할까 걱정했지만, **고소한 맛**에 너무너무 잘 받아 먹더라고요. 몸에 좋은 검은깨죽, 간을 조금 더 해서 엄마도 같이 드세요.

준비할 재료는요 | 불린 쌀10g(2작은술), 찹쌀 5g(1작은술), 검은깨 1작은술, 호두 1개, 물 90ml

이렇게 만들어요

1 쌀과 찹쌀은 깨끗이 씻어 30분 정도 찬물에 불려 약간 굵게 갈아 준비합니다.
2 검은깨는 물을 약간 넣고 분쇄기로 곱게 갈아줍니다.
3 호두는 살짝 데쳐서 이쑤시개로 속껍질을 벗겨낸 다음 키친 타월을 깔고 잘게 다져 준비합니다.
4 냄비에 갈아둔 쌀과 물을 붓고 센 불에서 끓이다가 한소끔 끓어오르면 약한 불로 줄이고 갈아둔 검은깨와 다진 호두를 넣고 주걱으로 저어가며 쌀알이 부드럽게 퍼질 때까지 끓입니다.

믹서기에 들어가는 물은 분량의 물에서 사용하면 돼요.

단호박강낭콩죽

준비할 재료는요 | 불린 쌀 10g(2작은술), 찹쌀 5g(1작은술), 단호박 20g(으깬 것 1큰술), 강낭콩 10g(10알), 물 150ml, 참깨 약간

이렇게 만들어요

1 쌀과 찹쌀은 30분 정도 찬물에 불려 약간 굵게 갈아 준비합니다.
2 단호박은 껍질을 벗기고 속살만 삶아서 으깨어주세요.
3 강낭콩은 충분히 불려서 삶아 껍질을 벗기고 절구로 굵게 으깨거나 칼로 잘게 다져주세요.
4 냄비에 갈아둔 쌀과 물을 넣고 센 불에서 끓이다가 한소끔 끓어오르면 약한 불로 줄이고 으깬 단호박과 강낭콩을 넣고 주걱으로 저어가며 쌀알이 부드럽게 퍼질 때까지 끓입니다.

단호박옥수수죽

준비할 재료는요 | 불린 쌀 10g(2작은술), 찹쌀 5g(1작은술), 단호박 20g(으깬 것 1큰술), 옥수수 10g(2작은술), 분유 물 90ml

이렇게 만들어요

1 쌀과 찹쌀은 30분 정도 찬물에 불려 약간 굵게 갈아 준비합니다.
2 단호박은 껍질을 벗기고 속살만 삶아서 으깨어주세요.
3 옥수수는 푹 삶아 알만 떼어 체에 내려 껍질을 걸러냅니다.
4 냄비에 갈아둔 쌀과 분유 물을 붓고 센 불에서 끓이다가 한소끔 끓어오르면 약한 불로 줄이고 으깬 단호박과 걸러낸 옥수수를 넣고 주걱으로 저어가며 쌀알이 퍼질 때까지 끓입니다.

TIP

찰옥수수로 만들 경우 도마 위에 놓고 다지듯이 칼집을 한두 번 낸 뒤 체에 내리면 껍질이 잘 분리된답니다.

Q 표고버섯이 없을 땐 팽이버섯을 사용해도 되나요?

A 줄기가 가늘고 질긴 식감의 팽이버섯은 자칫하면 아이의 목에 걸릴 수도 있으니 사용하지 않는 게 좋습니다.

쇠고기버섯죽

성장기 아이들에게 쇠고기는 아주 중요한 식품이라고 합니다.
특히 **철분 성분**이 많다고 하니 **빈혈**이 있는 아기에게 더욱 좋을 것 같아요 .
영양 성분이 뛰어난 쇠고기와 버섯이 만나 아주 몸에 좋은 죽이 완성되었어요.

양파는 다진 후 찬물에 담가두면 매운맛이 없어집니다.

준비할 재료는요 | 불린 쌀 15g(1큰술), 쇠고기 15g(1.5큰술), 느타리버섯 10g(1.3큰술), 양파 10g(1큰술), 아욱 10g(1큰술), 물 90ml, 참깨 약간

이렇게 만들어요

1 쌀은 깨끗이 씻어 30분 정도 찬물에 불려 약간 굵게 갈아 준비합니다.
2 쇠고기는 물에 넣고 삶아 건져내어 잘게 다지고 육수는 걸러서 그대로 둡니다.
3 아욱은 끓는 물에 살짝 데쳐 찬물에 헹군 뒤 잘게 다지고 느타리버섯과 양파는 3mm 크기로 다집니다.
4 냄비에 갈아둔 쌀과 쇠고기 육수를 붓고 센 불에서 끓이다가 한소끔 끓어오르면 약한 불로 줄이고 다진 쇠고기와 느타리버섯, 양파를 넣고 주걱으로 저어가며 쌀알이 부드럽게 퍼질 때까지 끓입니다.
5 마지막에 다진 아욱을 넣고 1분 정도 더 끓인 뒤 참깨를 약간 뿌려 냅니다.

흰살생선채소죽

준비할 재료는요 | 불린 쌀 15g(1큰술),
흰살 생선 20g(2큰술), 당근 10g(1큰술),
애호박 10g(1큰술), 물 90ml

이렇게 만들어요

1 쌀은 30분 정도 찬물에 불려 약간 굵게 갈아 준비합니다.
2 흰살 생선은 껍질과 가시를 제거한 뒤 살만 곱게 다집니다.
3 애호박은 껍질을 벗기고 돌려깎아 속을 뺀 뒤 당근과 함께 3mm 크기로 다집니다.
4 냄비에 갈아둔 쌀과 다진 흰살 생선을 넣고 살짝 볶다가 물을 붓고 센 불에서 끓입니다.
5 한소끔 끓어오르면 약한 불로 줄이고 다진 애호박과 당근을 넣고 주걱으로 저어가며 쌀알이 부드럽게 퍼질 때까지 끓입니다.

두부채소죽

준비할 재료는요 | 불린 쌀 15g(1큰술), 두부 20g(1큰술),
양배추 10g(1큰술), 당근 10g(1큰술),
애호박 10g(1큰술), 물 90ml, 참깨 약간

이렇게 만들어요

1 쌀은 30분 정도 찬물에 불려 약간 굵게 갈아 준비합니다.
2 두부는 끓는 물에 살짝 데쳐서 주걱으로 으깨어줍니다.
3 양배추와 당근, 애호박은 3mm 크기로 다지세요.
4 냄비에 갈아둔 쌀과 물을 붓고 센 불에서 끓이다가 약한 불로 줄이고 다진 양배추와 당근, 애호박을 넣고 주걱으로 저어가며 끓입니다.
5 마지막에 으깬 두부를 넣고 쌀알이 부드럽게 퍼질 때까지 끓여 참깨를 뿌려 냅니다.

새우달걀찜

완전 식품 달걀과 새우, 채소들로 찜을 해보세요.
색다른 식감에 아기들도 좋아하고, 영양가도 높아 근사한 **식사**가 된답니다.
시간이 없을 땐 작은 뚝배기에 담아 끓이되 중간에 두어 번 저어주세요.

TIP

칵테일 새우로 만들 경우, 끓는 물에 살짝 데쳐 사용합니다.

준비할 재료는요 | 달걀노른자 1개, 중하 1마리, 애호박 10g(1큰술), 당근 10g(1큰술), 녹말가루 1/2작은술, 분유 물 1작은술

이렇게 만들어요

1 새우는 머리와 껍질을 벗기고 이쑤시개로 등쪽의 내장을 제거한 뒤 끓는 물에서 데쳐냅니다.
2 데쳐낸 새우는 잘게 다져주세요.
3 애호박은 껍질과 속을 제거한 뒤 당근과 함께 분쇄기로 갈아 준비합니다.
4 달걀노른자에 녹말가루와 분유 물을 넣어 잘 섞은 뒤 체에 내려 알끈을 제거합니다.
5 작은 내열 용기에 달걀물을 담고 다진 새우와 애호박, 당근을 넣어 섞은 다음 중탕, 혹은 찜기로 쪄냅니다.

현미호두죽

면역력을 높여주는 몸에 좋은 현미에 고소한 **호두**를 넣고 끓인 죽입니다.
현미를 밥으로 먹을 땐 약간 **거친 느낌**이 들지만
죽으로 푹 끓이면 그런 느낌이 전혀 없어서 아기들이 먹기에도 괜찮답니다.

2

5

준비할 재료는요 | 불린 쌀 10g(2작은술), 불린 현미찹쌀 5g(1작은술), 애호박 10g(1큰술), 당근 10g(1큰술), 호두 1개, 물 90ml

이렇게 만들어요

1 불린 쌀과 현미찹쌀은 절구로 약간 굵게 갈아 준비합니다.
2 애호박은 껍질을 벗기고 돌려깎아 속은 빼내고 당근과 함께 3mm 크기로 다져주세요.
3 호두는 끓는 물에 살짝 데친 뒤 속껍질을 벗겨낸 다음 키친 타월 위에서 곱게 다져 준비합니다.
4 냄비에 쌀과 물을 붓고 센 불에서 끓이다가 약한 불로 줄이고 다진 애호박과 당근을 넣고 끓입니다.
5 애호박과 당근이 익으면 호두 가루를 넣고 주걱으로 저어가며 쌀알이 퍼질 때까지 끓입니다.

TIP

호두는 살짝 데친 뒤 이쑤시개로 속껍질을 벗겨냅니다.

Q 호두의 쓴맛을 없애려면 어떻게 해야 하나요?

A 끓는 물에 한 번 데친 뒤 찬물에 헹구어주세요. 그리고 물기를 닦은 뒤 프라이팬에서 살짝 구워내면 됩니다.

4

5

영양닭죽

준비할 재료는요 | 불린 쌀 10g(2작은술), 찹쌀 5g(1작은술), 녹두 5g(2/3작은술), 닭 안심살 15g(1.5큰술), 밤 1알, 대추 1/2개, 물 90ml

이렇게 만들어요

1 녹두는 하루 전에 불려 껍질을 모두 제거해서 준비합니다.
2 쌀과 찹쌀은 30분 정도 찬물에 불려 녹두와 함께 약간 거칠게 갈아줍니다.
3 닭 안심살은 삶은 뒤 3mm 크기로 다지고 육수는 맑게 걸러 그대로 둡니다.
4 밤은 속껍질까지 까서 3mm 크기로 썰고 대추는 돌려깎아 씨를 뺀 다음 같은 크기로 잘게 다집니다.
5 냄비에 갈아둔 쌀과 녹두를 넣고 닭 육수를 부어 센 불에서 끓이다가 한소끔 끓으면 약한 불로 줄이고 다진 닭 안심살과 밤, 대추를 넣고 끓여 냅니다.

닭 안심살을 삶을 때에 양파나 대파를 같이 넣어주면 고기 누린내를 없앨 수 있어요.

2

3

두부닭고기죽

준비할 재료는요 | 불린 쌀 15g(1큰술), 두부 20g(으깬 것 1큰술), 닭 가슴살 15g(1.5큰술), 양파 10g(1큰술), 당근 10g(1큰술), 청경채 5g(1큰술), 물 90ml

이렇게 만들어요

1 쌀은 30분 정도 찬물에 불려 굵게 갈아 준비합니다.
2 두부는 찬물에 20분 이상 담가 염분을 뺀 뒤 살짝 데쳐 으깨어줍니다.
3 닭 가슴살은 푹 삶아 잘게 다져주세요.
4 양파, 당근, 청경채는 잎 부분만 3mm 크기로 다집니다.
5 냄비에 갈아둔 쌀과 물을 붓고 센 불에서 끓이다가 한소끔 끓어오르면 약한 불로 줄이고 다진 양파와 당근, 청경채를 넣고 주걱으로 저어가며 쌀알이 부드럽게 퍼질 때까지 끓입니다.
6 마지막에 으깬 두부와 닭 가슴살을 넣고 1분 정도 더 끓여 냅니다.

아기가 죽에 익숙해지면 불린 쌀을 갈지 않고 그대로 이용해 보세요.

흑미고구마죽

준비할 재료는요 | 불린 쌀 10g(2작은술), 불린 흑미 5g(1작은술), 고구마 20g(으깬 것 2큰술), 브로콜리 10g(1.3큰술), 물 90ml

이렇게 만들어요

1. 쌀과 흑미는 30분 정도 찬물에 불려 약간 굵게 갈아 준비합니다.
2. 고구마는 찌거나 삶아서 뜨거울 때 껍질을 벗긴 뒤 으깨어줍니다. 또는 찌지 않고 다져서 이용해도 좋아요.
3. 브로콜리는 끓는 물에 살짝 데쳐 찬물에 헹군 뒤 꽃잎 부분만 잘게 다져주세요.
4. 냄비에 갈아둔 쌀과 물을 붓고 센 불에서 끓이다가 한소끔 끓어오르면 약한 불로 줄이고 으깬 고구마와 다진 브로콜리를 넣고 주걱으로 저어가며 쌀알이 퍼질 때까지 끓입니다.

찹쌀고구마죽

준비할 재료는요 | 불린 쌀 10g(2작은술), 불린 찹쌀 5g(1작은술), 고구마 20g(2큰술), 검은콩 10g(10알), 물 90ml

이렇게 만들어요

1. 쌀과 찹쌀은 30분 정도 찬물에 불려 굵게 갈아 준비합니다.
2. 고구마는 3mm 크기로 다지고, 검은콩은 충분히 불려서 삶은 뒤 껍질을 벗겨 굵게 갈아줍니다.
3. 냄비에 갈아둔 쌀과 물을 붓고 센 불에서 끓이다가 한소끔 끓어오르면 약한 불로 줄이고 다진 고구마를 넣고 주걱으로 저어가며 쌀알이 부드럽게 퍼질 때까지 끓입니다.
4. 마지막에 갈아둔 콩을 넣고 1분 정도 더 끓여 냅니다.

Kid's day!
une deux trois quatre une
BUTTON
1.3cm.
Boy

PART 4

모유나 분유보다 **이유식**이 중요한 시기입니다

이유식 후기

생후 9~10개월

아기들은 생후 9~10개월이 되면 젖니가 4~6개로 늘어나고, 기는 것에 익숙해집니다. 특히 발달이 빠른 아이들은 벽이나 물건을 붙잡고 서서 걸으려 할 시기로 활동량도 많아집니다. 이때는 모유나 분유의 양을 서서히 줄이면서 밤중 수유나 수유를 하면서 잠이 드는 습관을 떼야 하고, 모유는 낮 시간에 3회 전후로 주고, 분유와 젖병은 돌 무렵에는 완전히 뗄 수 있도록 준비를 해야 합니다. 수유량이 줄어드는 만큼 이유식이 중요해지는 시기이기도 합니다. 영양소 뿐만 아니라 칼로리도 이유식을 통해 섭취해야 할 시기로서 하루 세 번 어른의 식사 시간에 맞춰 이유식을 주고, 끼니때마다 단백질 식품을 한 가지씩 넣어 조리를 하도록 신경 써주세요.

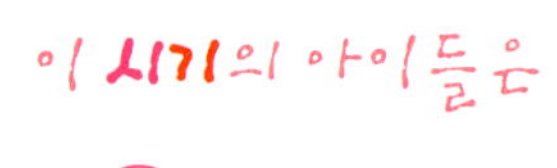

★ **'바이바이' 하기**(9개월 초~13개월 말)
엄마 아빠가 방을 나가면서 손을 흔들며 '바이바이'라고 하면 따라 합니다.

★ **의미 없는 단어 말하기**(8개월~9개월)
'다다'나 '마마'처럼 의미 없는 단어를 말할 수 있습니다.

★ **음절 합쳐 말하기**(8개월~10개월)
'엄마'와 '아빠'를 발음할 수 있습니다.

★ **재잘거리기**(8개월 초~12개월)
아이가 알고 있는 단어를 총동원하여 재잘거리기 시작합니다.

★ **붙잡고 서기**(9개월~10개월)
아이가 사람이 아닌 물체를 붙잡고 10초 이상 서 있을 수 있습니다.

★ **엄지손가락과 다른 손가락 하나로 건포도 잡기**(9개월~10개월)
엄지손가락과 다른 손가락 하나로 건포도를 잡을 수 있습니다.

★ **2개의 블록 서로 두드리기**(10개월~11개월)
블록 2개를 들고 두드리면서 아이에게 따라 하게 하면 잘 따라 합니다.

★ **당겨서 세우기**(9개월 초~10개월)
아이의 손을 잡고 당기면 두 발로 설 수 있습니다.

★ **혼자 앉기**(9개월 초~10개월 초)
누워 있다가 혼자 일어나 앉을 수 있습니다.

후기 이유식 원칙

✚ 하루 세 끼 어른 식사 시간에 맞춰주세요

이유식 중기 후반부터 하루에 세 번 이유식을 먹을 수 있도록 조정하고, 후기에 들어서면서는 한 끼에 먹는 양을 늘려주세요. 이때는 아이를 식탁이나 밥상에 같이 앉혀놓고 엄마 아빠와 함께 즐겁게 식사를 하는 분위기를 느끼도록 하는 것도 좋습니다. 하지만 9개월이 되었다고 하여 어느 날 갑자기 양과 횟수를 늘려서는 안 됩니다. 아이가 소화를 못 시킨다 싶으면 중기 때와 마찬가지로 이유식을 진행하고, 이유식 진행이 순조롭고 아이도 건강하다면 조금 빨리 진행하는 등 아이의 상태에 맞춰 완급을 조절할 필요가 있습니다.

✚ 올바른 식습관과 생활 습관을 만들어주세요

이 시기는 엄마에 대한 의존성이 강해져서 분리불안감이 심해지면서도 독립심이 생겨 이유 없이 엄마가 주는 것에 대해 무조건 거부를 하거나 떼가 늘기도 합니다. 아이의 요구를 다 들어주다가는 '정해진 장소에서 정해진 시간에 일정 시간 동안 먹는다'는 이유식 원칙이 무너지기 쉬우므로 먹는 양보다 바른 식습관을 익히게 하는 데 신경을 써야 합니다. 후기 이유식이 아이의 성장 발달에 중요하다는 생각에서 아이가 이유식을 거부하거나 잘 먹지 않으면 숟가락을 들고 따라다니며 먹이는 엄마들이 많습니다. 이것은 아이의 식사 습관을 망쳐놓는 일인 동시에 이유식을 먹이는 엄마도 피곤해집니다. 또한 하루 일과도 규칙적으로 이루어질 수 있어야 합니다. 아무 때나 자고 일어나는 것이 아니라, 오전과 오후 정해진 시간에 낮잠을 자는 등 하루 일과가 어느 정도 규칙적이 돼야 하루 세 끼 이유식도 원만하게 이루어질 수 있습니다.

무엇을 먹일까?

✚ 식사 시간은 30분으로 제한하세요

이유 후기에 접어든 아이는 음식을 으깨어 먹는 데 익숙해져서 이유식을 먹는 데 그다지 많은 시간이 걸리지 않아요. 대신 장난을 치느라 시간이 오래 걸리지요. 아이가 이유식을 잘 먹지 않고 장난을 치기 시작하면 "자, 이제 그만 먹자"라고 말하고 진짜로 상을 치워 식사가 끝났다는 것을 알려주세요. 그래야 아이가 '식사는 정해진 시간 안에 하는 것'이라는 사실도 알게 되고, 쉽게 배가 고파져서 다음 식사 시간에 더 열심히 먹게 돼요. 이유식 먹는 시간은 30분이 적당합니다.

✚ 손으로 먹을 수 있게 하세요

아이에게 손으로 음식을 쥐어 질감을 느끼게 하면 두뇌에 좋은 자극이 될 뿐 아니라 음식에도 더욱 흥미를 느끼게 됩니다. 간식을 줄 때, 감자나 당근 같은 단단한 채소는 삶고 바나나처럼 무른 과일을 껍질을 벗겨 손에 쥐고 먹을 수 있도록 해주세요. 아직 잇몸으로 음식을 잘게 부수어 먹지 못하기 때문에 목구멍에 걸릴 염려가 없을 정도로 잘게 잘라 주거나 잇몸으로 씹을 수 있는 무른 음식을 줘야 합니다.

✚ 모유나 분유도 잘 챙겨주세요

돌까지는 모유나 분유를 통해 하루에 필요한 칼로리의 50~60%를 얻기 때문에 잘 챙겨 먹여야 합니다. 이유 후기에는 하루 600ml 전후를 하루 세 번에 나눠 먹이면 됩니다.

[후기 이유식 및 수유 시간]

6시	8시	12시	14시	18시	21시
수유	이유식	이유식	수유	이유식	수유

✚ 5가지 영양소를 골고루 섭취할 수 있도록 하세요

이유식 후기에 들어서면 수유량이 줄면서 이유식이 차지하는 영양소의 비중이 높아집니다. 따라서 단백질, 탄수화물, 비타민, 지방, 미네랄의 5대 영양소를 골고루 섭취할 수 있도록 영양가 있는 재료로 이유식을 만들어주세요. 곡류에 많은 탄수화물은 몸을 움직이는 힘의 근원이 되고, 단백질은 몸을 구성하는 영양소로 육류와 어류, 콩 제품에 많습니다. 비타민과 미네랄은 몸의 기능을 조절하는 역할을 하는데 각각 과일, 채소, 해조류와 철분과 칼슘이 풍부한 멸치, 뱅어포 등에 많습니다. 2~3일 간격으로 빠진 영양소가 없는지 체크해보고 한 끼에 두 가지 정도의 영양소를 섞어 먹이도록 하세요. 제철에 나는 재료를 적절히 활용하면 아이 성장에 필요한 영양소는 물론 계절에 따라 필요한 영양소와 수분까지 줄 수 있습니다.

✚ 단백질 식품을 하루 2~3회 먹이세요

단백질은 아이의 성장 발달에 매우 중요한 영양소입니다. 쇠고기, 닭고기, 흰살 생선, 간, 콩제품, 유제품 같은 단백질 식품을 적어도 하루에 2~3회 정도 먹일 수 있도록 해주세요.
아토피 피부염을 앓고 있는 아이들의 경우 고기를 먹이면 더 심해진다 하여 먹이지 않는 엄마들도 많은데 이는 좋지 않습니다. 정확히 어떤 음식이 아토피에 좋지 않은지 가려낸 다음 그 음식을 빼고 먹이도록 하세요.

✚ 참기름도 많이 사용하면 좋지 않아요

돌 이전에는 기름 사용도 신중해야 합니다. 아이가 지방의 고소한 맛에 길들여지면 기름을 넣지 않은 이유식은 잘 먹으려 하지 않습니다. 이 시기에는 육류나 생선에 들어 있는 지방만으로도 충분히 지방을 섭취할 수 있으므로 따로 넣지 않아도 됩니다. 오믈렛이나 두부부침처럼 기름을 두르고 부치는 음식을 시도해볼 수 있지만 너무 기름진 음식을 피하는 것이 좋습니다.

✚ 후기 이유식 재료와 양을 알아두세요

곡류	불린 쌀과 찹쌀, 차조 등을 한 번에 20~30g(4~6작은술) 정도 사용하세요. 아이가 한 번에 먹는 이유식의 양은 대략 아기 밥공기로 한 공기 정도입니다.
채소와 과일	향이 강하거나 섬유질이 질기지 않은 것으로 한 끼에 20~30g(4~6작은술) 정도 사용합니다.
육류	15~25g(3~5작은술) 정도 쓸 수 있어요. 육류는 지방이 적은 부위로 사용해주세요. 쇠고기는 안심이나 등심, 우둔살을 쓰고 닭고기는 가슴살을 씁니다. 생선은 가자미나 대구, 명태처럼 기름기가 적은 흰살 생선과 연어, 게살을 사용할 수 있습니다. 달걀노른자는 1개, 유아용 치즈도 1장 정도가 적당합니다.

어떻게 얼마나 먹일까?

✚ 바나나 정도 굳기로 조리해주세요

중기 이유식을 지나면 이유식 재료를 다지거나 갈아서 사용하지 않아도 되므로 바나나 정도 굳기와 사방 5mm 정도 크기로 만들어주세요. 쌀알이 그대로 보이는 된 죽으로 시작해서 후반에는 진밥을 먹을 수 있도록 해주세요. 밥을 끓여서 무르게 만들어 줘도 좋습니다. 이때에는 한 끼 식사로 충분한 영양을 섭취하기 위해 일정 양을 먹는 연습을 해야 합니다. 한 끼 분량은 된 죽을 아이 밥그릇으로 한 공기 정도 먹이는 것이 좋습니다.

✚ 어른 반찬을 이용해 만들어주세요

아이를 위한 이유식을 따로 만들기 힘들 때는 어른들이 먹을 음식을 만들면서 간을 하기 전에 아이 몫을 덜어 놓으면 좋아요. 예를 들어 된장찌개를 끓이기 위해 멸치 국물에 갖은 채소를 넣고 끓이고 있다면 된장을 넣기 전에 덜어서 국물과 채소를 아이에게 먹이는 것이지요.
어른 반찬을 같이 먹을 수 있다고 해서 똑같이 먹을 수 있는 것은 아닙니다. 돌 이전 이유식에는 소금이나 설탕 등 조미료를 첨가하지 않는 것이 좋습니다. 어른이 먹는 된장국에 물을 붓고 밥을 말아 주거나 김치를 물에 씻어 먹이는 등 어른이 먹는 맵고 짠 음식을 주는 것을 피해야 합니다. 또한 아이들 과자에는 소금과 각종 식품 첨가물이 들어가 있으므로 주의해야 합니다.

✚ 간식을 주세요

이 시기의 아이들은 활동량이 많을 뿐 아니라 에너지의 많은 부분이 성장에 소비되기 때문에 하루 세 끼 이유식과 수유만으로 하루에 필요한 에너지를 만들어내기가 어려워요. 그래서 간식을 주는 것이 좋은데 삶은 고구마나 감자, 과일 등 손으로 들고 먹을 수 있는 것을 주세요. 간식을 너무 많이 먹으면 다음 이유식 때 제대로 먹지 못할 수 있으므로 다음 끼니에 영향이 없을 정도로 양을 조절해주세요.

✚ 숟가락으로 혼자 먹게 해주세요

이 시기의 아이들은 손가락을 자유롭게 움직일 수 있으므로 아이 혼자서 숟가락으로 먹는 연습을 하게 하세요. 이때 아이가 숟가락을 정확히 입으로 가져가는 모습을 칭찬해 주고 음식을 흘리거나 실수하는 모습도 아이의 시행착오를 너그러운 마음으로 바라봐주세요.

[이유 후기의 하루치 열량과 영양소]

열량	750kcal
단백질	20g
칼슘	300mg
철분	8mg
비타민 A	350㎍RE

[이유 후기에 필요한 식품군 및 양과 횟수]

식품군	한 끼 분량	횟수	가능 식품	피할 식품
곡류	불린 쌀 20~30g (4~6작은술)	3회	쌀, 찹쌀, 오트밀, 차조, 감자, 고구마 등	단단한 잡곡 (밀, 보리, 현미 등)
육류	15~25g (3~5작은술)	한 가지를 택해서 2~3회	쇠고기(등심, 안심, 우둔살), 닭고기(가슴살)	돼지고기
어류	15~25g (3~5작은술)		흰살 생선, 새우살, 게살, 연어살 등	등 푸른 생선, 오징어, 조개류
알류	달걀노른자 1개		달걀노른자	달걀흰자
콩류	두부 20~30g(1/20 ~1/10모), 콩 3~5알		두부, 대부분의 콩	두유
우유 및 유제품	유아용 치즈 1장 또는 플레인 요구르트 1개	1회(이유식에 넣거나 간식으로 준다)		생우유, 요구르트
채소류	20~30g (4~6작은술)	3~4회(이유식에 넣거나 간식으로 준다)	시금치, 당근, 애호박, 브로콜리, 양배추 등	향이 강하고 섬유질이 많은 채소(죽순,우엉,깻잎)
과일류	20~40g (4~8작은술)	1~2회(이유식에 넣거나 간식으로 준다)	사과, 배, 수박, 감, 딸기, 키위 등	복숭아, 오렌지, 레몬, 체리, 망고, 파인애플
유지류	2.5g (1~2방울)	2~3회	참기름, 식용유, 버터, 잣, 호두, 깨	버터를 제외한 동물성 지방류, 땅콩류

후기 이유식에 관한 궁금증 Q&A

Q 10개월 된 여아가 이틀에 한 번씩 변을 보는데 너무 힘들게 보고 있어요. 이유식을 너무 되게 주나 싶어 물을 많이 타서 주어도 별 효과가 없는데 어떻게 하면 좋을까요?

이유식을 진행하다보면 일시적으로 변비가 나타날 수 있습니다. 그렇다고 해서 이유식을 묽게 주는 것은 좋지 않습니다. 생후 10개월이라면 진밥으로 하루 3회 이유식을 먹어야 할 때입니다. 변을 보기 힘들어한다면 물을 충분히 주면서 유산균제나 정장제를 먹이는 것도 도움이 될 수 있고, 이유식에 채소를 조금 많이 넣는 것도 좋습니다. 씹지 않고 삼키는 버릇은 일찍 바로잡아야 하는데 그 방법은 아이가 씹지 않고는 삼킬 수 없는 굳기의 음식을 반복해서 주는 것뿐입니다. 진밥을 주면서 엄마가 먼저 꼭꼭 씹어 먹는 시범을 보이고 따라 해보도록 하세요. 씹지 않는다고 하여 죽 형태의 이유식을 주면 물고 있다가 삼키려 해서 웩 하고 올리는 행동이 반복되므로 주의해야 합니다.

Q 저희 딸이 10개월 됐는데요. 잘 먹던 아이가 갑자기 요 며칠 이유식을 안 먹고 젖만 찾아요. 평소처럼 좋아하는 이유식을 만들어주는데도 안 먹고, 간식도 먹지 않으려고 해요.

이때 중요한 것은 먹는 양이 아닌 아이의 식습관입니다. 이유식을 잘 먹지 않으면서 자기가 좋아하는 모유나 분유만 찾을 수 있는데 모유는 하루 3~4차례 낮에 주도록 하고, 밤중 수유나 수유 중 잠이 들지 않게 해주세요. 당분간 먹는 양은 신경 쓰지 말고 정해진 시간에 정해진 장소에서 이유식을 주세요. 아이가 먹지 않으면 몇 시간이고 먹이려 하지 말고, 모유나 분유를 주는 대신 다음 식사 시간을 기다리게 해주세요. 그렇지 않으면 편식 습관이나 아무 때나 먹는 습관이 생길 수 있습니다.

Q 9개월까지 모유를 먹이다 사정이 생겨 젖을 끊고 분유를 먹이려고 하는데 잘 안 먹어요. 하루 4~5차례 이유식을 주고 있는데 이참에 모유를 끊고 이유식만 해도 될까요?

아직은 이유식만으로 성장에 필요한 모든 영양을 얻기에는 이른 시기이므로 앞으로 한두 달 정도는 모유 수유를 이어가는 것이 좋을 듯합니다. 지금은 이유식도 하루 3회 진밥 정도의 수준으로 주어야지 하루 4~5회를 시도 때도 없이 주면 바른 식습관을 잡을 수 없습니다. 피치 못할 사정으로 모유를 주지 못하는 경우에도 이유식은 3회만 주고 이유식과 이유식 사이에 분유를 젖병이나 컵에 넣어주세요. 처음 며칠은 거부할 수 있어도 이유식 양만으로 배가 부르지 않으면 분유를 먹게 됩니다.

Q 최근 들어 똥을 누면 먹은 게 덩어리째로 나옵니다. 재료를 더 잘게 다져서 만들어야 하나요?

아직은 아이가 음식을 씹는 저작 기능이 약하고, 위에서 음식이 머무는 시간이 상대적으로 짧아 음식물이 섭취한 그대로 변으로 나올 수 있습니다. 아이의 소화력과는 큰 상관이 없으므로 걱정하지 않아도 됩니다. 지금의 월령이라면 진밥을 하루 3회 먹여야 할 시기이므로 어느 정도 덩어리가 있는 이유식이 좋습니다.

Q 9개월 된 남자 아이입니다. 이유식을 너무 많이 먹고 변도 하루에 3번 정도 봐서 걱정입니다.

아이가 먹는 양이 많아 염려가 된다면 진밥을 된밥으로 바꾸어보는 것이 어떨까 싶습니다. 또 이제는 양이 문제가 아니라 전반적인 영양에 대한 점검도 필요한 시기입니다. 아이가 하루에 섭취하는 칼로리의 양은 어느 정도이며, 그것이 개월에 맞는지, 그 내용 중 단백질, 탄수화물, 지방과 비타민, 미네랄 등 필수 영양소의 비중을 점검해보고 아이에게 맞는 영양 설계와 식단 구성이 필요합니다.

닭고기찹쌀무른밥

찹쌀과 녹두, 닭고기는 셋 다 소화도 잘 되고 영양가도 많아 이유식에 자주 이용한 식품입니다. 특히 녹두는 피로 회복에도 좋고 해독 작용이 있어 아기가 아프고 난 다음 해 먹이면 원기 회복에 아주 좋을 것 같아요.

준비할 재료는요 | 찹쌀 20g(1$\frac{1}{3}$큰술), 녹두 10g(1큰술), 닭 안심살 20g(2큰술), 당근 10g(1큰술), 감자 10g(1큰술), 애호박 10g(1큰술), 양파 5g(1/2큰술), 닭 육수 120ml

이렇게 만들어요

1 녹두는 하루 전에 불려 껍질을 제거하고, 찹쌀은 깨끗이 씻어 30분 정도 찬물에 불려 준비합니다.

2 닭 안심살은 삶아 5mm 크기로 썹니다.

3 감자와 당근, 애호박, 양파는 5mm 크기로 썰고, 양파는 찬물에 담가 매운맛을 뺍니다.

4 냄비에 불린 찹쌀과 녹두, 닭 육수를 붓고 센 불에서 끓이다가 끓어오르면 약한 불로 줄이고 썰어둔 채소와 닭 안심살을 넣고 밥알이 퍼질 때까지 뜸을 들입니다.

닭 안심살을 삶은 물은 맑게 걸러 육수로 사용하세요.

멸치채소무른밥

칼슘의 보고라고 알려진 멸치, 엄마라면 누구나 아기에게 많이 먹이고 싶어하는 식품이죠. 전처리 없이 사용하면 짤 수 있으므로 염분을 충분히 우려낸 멸치를 아기 목에 걸리지 않도록 잘게 다져서 사용하세요.

이유식에는 아주 작은 볶음용 멸치를 사용합니다.

준비할 재료는요 | 진밥 40g(2⅔큰술), 잔멸치 10g(1.5큰술), 당근 10g(1큰술), 시금치 5g(1/2큰술), 물 60ml

이렇게 만들어요

1 잔멸치는 찬물에 30분 정도 담가 염분을 우려낸 뒤 물기를 빼고 잘게 다집니다.
2 시금치는 끓는 물에서 살짝 데친 뒤 당근과 함께 5mm 크기로 썰어주세요.
3 냄비에 다진 멸치를 넣고 살짝 볶다가 물과 썰어둔 당근, 시금치를 넣어 끓입니다.
4 한소끔 끓어오르면 불을 약하게 줄이고 진밥을 넣어 밥알이 퍼질 때까지 뜸을 들입니다.

Q 멸치의 비린 맛을 제거할 수 있는 방법이 없을까요?

기름을 두르지 않은 팬에 멸치를 살짝 볶으면 비린 맛을 줄일 수 있답니다.

흰살생선두부무른밥

준비할 재료는요 | 진밥 40g(2$\frac{2}{3}$큰술), 흰살 생선 10g(1큰술), 두부 10g(사방 2cm), 팽이버섯 10g(1.5큰술), 당근 10g(1큰술), 양파 5g(1/2큰술), 물 60ml, 김가루 약간

이렇게 만들어요

1 두부는 찬물에 20분 이상 담가 염분을 뺀 뒤 5mm 크기로 썹니다.
2 흰살 생선은 껍질과 가시를 제거한 뒤 살만 다져 준비합니다.
3 양파, 당근과 팽이버섯은 5mm 크기로 썰어주세요.
4 냄비에 다진 흰살 생선을 넣고 살짝 볶다가 물을 붓고, 썰어둔 채소들과 두부를 넣고 끓입니다.
5 한소끔 끓어오르면 불을 줄이고 진밥을 넣어 잘 버무려 뜸을 들인 뒤 김가루를 뿌려 냅니다.

팽이버섯은 봉지째 밑동을 잘라내고, 씻거나 닦아내지 않아도 돼요.
양파는 썬 후 찬물에 담가 매운맛을 뺍니다.

감자흰살생선무른밥

준비할 재료는요 | 진밥 40g(2$\frac{2}{3}$큰술), 감자 15g(1.5큰술), 흰살 생선 10g(1큰술), 양배추 10g(1큰술), 당근 10g(1큰술), 브로콜리 10g(1$\frac{1}{3}$큰술), 물 60ml

이렇게 만들어요

1 흰살 생선은 껍질과 가시를 제거한 뒤 살만 다져 준비합니다.
2 감자, 양배추, 당근은 5mm 크기로 썰고, 브로콜리는 끓는 물에 살짝 데쳐서 잎 부분만 잘게 다집니다.
3 냄비에 다진 흰살 생선을 넣고 살짝 볶다가 물과 썰어둔 감자, 양배추, 당근을 넣고 끓입니다.
4 한소끔 끓으면 불을 줄이고 진밥과 브로콜리를 넣어 뜸을 들입니다.

흰살 생선을 살만 발라 찐 다음, 으깨어 냉동 보관해 놓고 사용하면 편해요!

Q 치즈를 넣으면 소화가 잘 안 되지 않을까요?

A 치즈는 단백질과 지방이 주성분이지만 우유보다는 소화가 더 잘 됩니다. 단, 반드시 유아용 치즈를 사용해야 합니다.

게살치즈무른밥

게는 단백질과 필수 아미노산이 풍부하며 소화도 잘 되어 성장기 아이들에게 아주 좋은 식품이랍니다. 하지만 소화가 잘 되는 식품일수록 상하기 쉬우므로 아기들에겐 특히 아주 싱싱한 걸로 골라서 주도록 해요.

어른 밥을 지을 때 쌀을 경사지게 해서 밥을 지어 아래쪽의 진밥을 아기 밥으로 사용하면 편해요.

준비할 재료는요 | 진밥 40g(2⅔큰술), 게살 20g(1⅓큰술), 당근 10g(1큰술), 시금치 10g(1큰술), 양송이버섯 1개, 물 60ml, 유아용 치즈 1/2장

이렇게 만들어요

1 게살은 잘게 다지고, 당근과 양송이버섯은 5mm 크기로 썰고, 시금치도 데친 뒤 5mm 크기로 썰어 준비합니다.

2 유아용 치즈는 잘게 다져둡니다.

3 냄비에 손질한 게살과 채소, 물을 넣고 끓이다가 한소끔 끓어오르면 불을 줄이고 진밥을 넣어 밥알이 퍼질 때까지 뜸을 들인 뒤 다진 치즈를 넣고 버무려 냅니다.

멸치장국쌀국수

아기들은 그동안 먹어오던 밥이나 죽의 형태와는 또 다른 면 종류를 참 잘 먹더라고요.
하지만 이 시기에는 아직 밀가루가 이르니 쌀국수를 이용하세요.
그리고 아기의 목에 걸리지 않도록 잘게 잘라 주는 것이 중요합니다.

- 시중의 국물용 큰 멸치는 아기에게 너무 짤 수 있으므로 잔멸치를 사용합니다.
- 쌀국수는 최대한 얇은 면발로 준비합니다.

준비할 재료는요 | 쌀국수 30g, 쇠고기 10g(1큰술), 달걀노른자 1/2개, 오이 10g(1큰술),
멸치 다시마 육수(잔멸치 10g(1.5큰술), 다시마 사방 3cm 1장, 물 1컵)
쇠고기 밑간(양파즙 1/2작은술, 참기름 1/2작은술)

이렇게 만들어요

1 분량의 물에 멸치와 다시마를 잘게 잘라 넣고 끓여 면보에 걸러내어 멸치 다시마 육수를 만들어둡니다.

2 쇠고기는 3mm 크기로 다져서 밑간해두었다가 달군 팬에 살짝 볶아내고, 달걀노른자는 얇게 지단을 부쳐 5mm 크기로 채썰고, 오이도 5cm 크기로 채썰어 끓는 물에 살짝 데쳐 준비합니다.

3 쌀국수는 끓는 물에서 삶아 찬물에 헹군 뒤 5mm 길이로 썰어 준비합니다.

4 냄비에 멸치 다시마 육수를 넣고 끓으면 썰어둔 쌀국수를 넣고 한소끔만 끓인 뒤 볶은 쇠고기와 달걀지단, 오이를 얹어 냅니다.

쇠고기채소무른밥

준비할 재료는요 | 진밥 40g($2\frac{2}{3}$큰술), 쇠고기 10g(1큰술), 당근 10g(1큰술), 양파 5g(1/2큰술), 청경채 5g(1큰술), 물 60ml
쇠고기 밑간(양파즙 1/2작은술, 참기름 1/2작은술)

이렇게 만들어요

1 쇠고기는 핏물을 빼고 3mm 정도로 잘게 다져서 양파즙과 참기름으로 밑간을 해둡니다.
2 양파는 5mm 크기로 썰어 찬물에 담가 매운맛을 빼고, 당근과 청경채는 5mm 크기로 썰어 준비합니다.
3 냄비에 밑간해둔 쇠고기를 볶다가 물과 썰어둔 채소를 넣고 센 불에서 끓입니다.
4 한소끔 끓어오르면 약한 불로 줄이고 진밥을 넣고 밥알이 퍼질 때까지 뜸을 들입니다.

미역쇠고기무른밥

준비할 재료는요 | 진밥 40g($2\frac{2}{3}$큰술), 불린 미역 15g(1큰술), 쇠고기 10g(1큰술), 애호박 10g(1큰술), 팽이버섯 10g(1.5큰술), 쇠고기 육수 60ml
쇠고기 밑간(양파즙 1/2작은술, 참기름 1/2작은술)

이렇게 만들어요

1 쇠고기는 핏물을 빼고 3mm 크기로 다져 밑간을 해둡니다.
2 미역은 충분히 불려서 깨끗이 씻어 건져 5mm 크기로 썰고, 애호박과 팽이버섯도 5mm 크기로 썰어주세요.
3 냄비에 밑간해둔 쇠고기와 썰어둔 미역을 볶다가 육수와 애호박, 팽이버섯을 넣고 끓입니다.
4 한소끔 끓어오르면 불을 약하게 줄이고 진밥을 넣어 밥알이 퍼질 때까지 뜸을 들입니다.

닭고기는
단백질이 많아
아기의 두뇌 성장과
세포 조직 생성에
도움을 줍니다!

닭고기버섯리조토

양송이버섯은 저열량 고단백 식품으로 버섯 중에서도 **콜레스테롤 제거 효과**가 가장 좋다고 하네요. 아기뿐 아니라 아빠도 많이 먹어야겠어요. 게다가 다른 버섯에 비해 **씹히는 질감**이 부드러워 아기들이 먹기에 아주 좋아요.

육수가 없다면 닭 안심살 삶은 물을 맑게 걸러 사용하세요.

준비할 재료는요 | 불린 쌀 30g(2큰술), 닭 가슴살 20g(2큰술), 양송이버섯 10g(1개), 당근 10g(1큰술), 브로콜리 10g($1\frac{1}{3}$큰술), 분유 물 2큰술, 닭 육수 120ml

이렇게 만들어요

1 쌀은 깨끗이 씻어 30분 정도 찬물에 불려 준비합니다.
2 닭 가슴살은 끓는 물에 삶아내어 5mm 크기로 썰어주세요.
3 양송이버섯과 당근도 5mm 크기로 썰고, 브로콜리는 데쳐서 꽃잎 부분만 다져 준비합니다.
4 불린 쌀과 닭 육수를 넣고 끓어오르면 손질해놓은 채소와 닭고기를 넣고 약한 불에서 끓입니다.
5 밥알이 푹 익으면 분유 물이나 모유를 넣고 뜸을 들입니다.

새우브로콜리무른밥

준비할 재료는요 | 진밥 40g(2$\frac{2}{3}$큰술), 브로콜리 10g(1$\frac{1}{3}$큰술), 새우 1마리(중간 크기), 양파 10g(1큰술), 물 60ml, 통깨 약간

이렇게 만들어요

1 새우는 머리와 꼬리, 껍질을 벗기고 등의 내장도 뺀 뒤 깨끗이 씻어 잘게 다져 준비합니다.
2 브로콜리는 끓는 물에 살짝 데쳐 5mm 크기로 썰고, 양파는 5mm 크기로 썰어 찬물에 담가 매운맛을 뺍니다.
3 냄비에 다진 새우와 썰어둔 브로콜리, 양파와 물을 넣고 끓입니다.
4 한소끔 끓어오르면 불을 줄이고 진밥을 넣어 밥알이 퍼질 때까지 뜸을 들인 뒤 통깨를 뿌려 냅니다.

비타민 A와 C가 풍부한 브로콜리는 노란색 꽃이 생기지 않은 것으로 고르세요!

콩나물무른밥

준비할 재료는요 | 불린 쌀 30g(2큰술), 새우 1마리(중간 크기), 콩나물 10g(1큰술), 당근 10g(1큰술), 다시마 육수 120ml, 참기름 1/2작은술, 통깨 약간

이렇게 만들어요

1 쌀은 깨끗이 씻어 30분 정도 찬물에 불려 준비합니다.
2 새우는 머리와 꼬리, 껍질을 벗기고 등의 내장도 뺀 뒤 깨끗이 씻어 잘게 다집니다.
3 콩나물은 꼬리를 떼고 깨끗이 씻어 당근과 함께 5mm 크기로 썰어주세요.
4 냄비에 불린 쌀과 손질한 새우, 콩나물, 당근을 넣고 다시마 육수를 부어 뚜껑을 닫고 끓입니다.
5 올라오는 김에서 콩나물 비린내가 안 나면 불을 약하게 줄여 뜸을 들인 다음 참기름과 통깨를 넣고 비벼 냅니다.

TIP

밥이 끓어오르다가 넘칠 수 있으니 지켜보다가 끓는다 싶으면 약한 불로 줄입니다.

감자샐러드

준비할 재료는요 | 감자 1/2개, 당근 10g(1큰술), 오이 10g(1큰술), 달걀노른자 1/2개, 유아용 치즈 1/4장, 분유 물이나 모유 2큰술

이렇게 만들어요

1 감자와 달걀노른자는 삶아서 뜨거울 때 으깨어 준비합니다.
2 당근과 오이는 5mm 크기로 썰어 끓는 물에 데쳐서 찬물에 헹궈둡니다.
3 유아용 치즈는 잘게 다져주세요.
4 볼에 으깬 감자와 달걀노른자, 당근, 오이, 치즈를 넣고 잘 섞어 분유 물이나 모유로 농도를 맞추며 버무려 냅니다.

TIP

달걀흰자에는 알레르기를 일으킬 수 있는 성분이 들어 있어요. 돌 전에는 달걀노른자만 사용해서 조리하세요.

고구마샐러드

준비할 재료는요 | 고구마 50g, 단호박 20g, 건포도 5알, 호두 1개, 플레인 요구르트 1큰술

이렇게 만들어요

1 고구마는 쪄서 껍질을 벗기고 1cm 크기로 썰고, 단호박도 찌거나 삶아서 5mm 크기로 썰어둡니다.
2 건포도는 물에 불려 부드럽게 한 뒤 잘게 다지고, 호두는 데쳐서 속껍질까지 벗긴 뒤 곱게 다집니다.
3 볼에 고구마와 단호박, 건포도, 호두를 섞고 플레인 요구르트를 넣어 잘 버무려 냅니다.

고구마는 익히면 더 달고 맛있지만 너무 오래 익히면 비타민 C가 손실되니 주의하세요!

유아용 치즈는 칼슘, 인 등 아기에게 필요한 영양이 충분하고 염분은 적어 좋아요!

단호박치즈전

달콤한 단호박과 고소한 치즈가 만났어요.
색다른 맛에 아기도 정말 좋아하지만, 유아용 치즈 대신 보통 슬라이스 치즈를 이용해 어른들의 메뉴로 응용해도 좋을 것 같아요.

TIP

팬 위에서 너무 오래 익히면 치즈가 녹아 눌어붙을 수 있으므로 달걀이 익을 정도로만 살짝 익힙니다.

준비할 재료는요 | 단호박 50g, 유아용 치즈 1/2장, 녹말가루 약간, 달걀노른자 1개, 분유 물 2큰술, 포도씨유 1작은술

이렇게 만들어요

1 단호박은 껍질을 벗기고 속을 파낸 뒤 찌거나 삶아서 뜨거울 때 으깬 다음 다진 치즈를 넣고 잘 섞어주세요.
2 단호박 치즈 반죽을 아기 한 입 크기로 동글납작하게 빚어줍니다.
3 2에 녹말가루를 약간 묻히고 달걀노른자와 분유 물을 섞어 만든 달걀물에 담갔다가 포도씨유를 두른 팬에서 지져냅니다.

Monkey
modern house

PART 5

어른처럼 먹을 **준비**를 하는 시기입니다

이유식 **완료기**

생후 11~12개월

아이는 돌이 가까워 오면 다람쥐가 알밤을 갉아먹듯이 음식을 갉아먹기 시작합니다. 아직은 앞니밖에 없지만 씹는 힘이 좋아져 감자튀김 정도의 음식은 너끈히 먹을 수 있게 됩니다. 이때부터는 된 죽보다는 진밥을 반찬과 함께 먹이는 것이 좋습니다. 반찬은 식구들이 먹을 것을 만들 때 아이 몫을 따로 덜어낸 다음 간을 하지 않고 부드럽게 조리해 주면 됩니다. 그래야 엄마의 일손도 덜 수 있고, 아이도 어른이 먹는 음식에 빨리 적응할 수 있습니다. 식사와 식사 사이의 시간이 길어져 배가 고픈 듯 보이면 간식을 줘도 좋습니다. 간식은 이유식에 부족하기 쉬운 단백질과 비타민이 많은 유제품이나 과일이 적당합니다.

이 시기의 아이들은

★ **짝짜꿍 하기**(10개월 중반~11개월 초)
아이 앞에서 짝짜꿍을 하며 따라 하게 하면 따라 합니다.

★ **원하는 것 가리키기**(11개월~13개월)
아이가 울지 않고 원하는 것을 알리려고 하거나, 원하는 물건을 향해 손짓을 하거나 집어 올 수 있습니다.

★ **'엄마', '아빠' 말하기**(11개월~13개월 중반)
아이가 엄마를 보고 '엄마', 아빠를 보고 '아빠'라고 말할 수 있습니다.

★ **혼자 서기**(12개월 말~13개월)
아이 혼자서 균형을 잡고 10초간 서 있을 수 있습니다.

★ **공놀이 하기**(12개월 초~16개월 말)
아이와 마주 보고 앉아서 공을 굴리면 다시 엄마를 향해 공을 굴릴 수 있습니다.

★ **컵에 블록 넣기**(12개월 초~13개월)
아이 앞에 컵과 블록을 놓고 엄마를 따라 컵에 블록을 넣어보게 하면 넣을 수 있습니다.

완료기 이유식 원칙

✚ 하루 세 끼 진밥에서 된밥 수준의 되기로 먹이세요

아이들은 돌이 가까워지면 하루 세 끼 이유식으로 활동에 필요한 에너지와 신체 발달에 필요한 영양을 얻게 됩니다. 따라서 이때부터는 진밥에서 된밥 수준의 굳기 정도를 주식으로 영양을 공급하는 것이 중요합니다. 진밥을 먹이는 것은 씹는 연습을 하는 데도 중요합니다. 이 시기가 되면 어떤 아이들은 물컹한 음식은 씹지 않고 꿀꺽 삼키기도 하는데 이것은 완료기에 맞지 않는 굳기의 음식을 주었기 때문입니다. 이 시기에 알맞은 양은 한 끼에 진밥을 아기 밥공기로 한 공기씩 먹는 것입니다.

✚ 오전과 오후에 간식을 주세요

아직은 아이가 한꺼번에 많은 양을 먹을 수 없으므로 하루 세 끼 식사만으로는 활동에 필요한 에너지도 부족하고, 식사 중간에 아이가 배고파하기도 합니다. 오후 간식은 꼭 먹이는 것이 좋습니다. 간식으로는 플레인 요구르트 1개, 과일 50~100g, 유아용 치즈 1장이나 밤, 고구마, 달걀노른자를 삶아 주어도 좋습니다. 너무 기름지거나 칼로리가 높은 것은 피하고, 간식을 너무 많이 주어 주식에 영향을 미치는 일이 없어야 합니다.

✚ 분유는 하루 500ml를 두 번에 나누어 먹이세요

이유 완료기 때 분유와 모유의 역할은 보조 영양원에 불과합니다. 분유와 모유를 너무 많이 먹으면 이유식 양이 줄어들게 되므로 하루 500ml를 두 번에 나누어 먹이세요. 이때 젖병이 아니라 컵으로 먹이다가 돌 전에는 완전히 떼도록 하는 것이 좋습니다. 모유도 12~15개월 사이에는 떼는 것이 좋아요. 모유나 분유를 떼고 나면 아침과 점심을 먹고 난 후에 생우유를 한 컵씩 주어 포만감을 느낄 수 있게 해주세요.

무엇을 먹일까?

✚ 나쁜 식사 습관은 단호하게 잡아주세요

숟가락으로 장난을 치면서 먹는다거나, 먹는 도중 텔레비전을 보고 돌아다니거나, 먹지 않겠다고 떼를 쓸 때는 부모의 단호한 태도가 필요합니다.

나쁜 식사 태도를 보였을 때는 따끔하게 야단을 치고, 먹다 남긴 음식도 식사 시간이 지나면 치워주세요. 이 경우 간식도 주지 말고 배고픔을 느껴보게 하는 것도 좋습니다. 또한 아이는 부모와 같이 식탁에 앉아 이유식을 먹으면서 부모가 식사하는 모습을 보며 식사 예절을 배우게 됩니다. 밥과 반찬을 골고루, 꼭꼭 씹어서, 맛있게 먹는 모습을 보여주면 아이도 따라 합니다.

Tip: 돌 무렵에 젖을 떼야 하는 이유

이유식이 어느 정도 진행되어 하루 세 끼 식사가 정착된 돌 무렵에는 젖을 떼는 것이 좋습니다. 아이들은 생후 6~8개월부터 빠는 힘이 약해지고, 그 후에는 습관적으로 젖을 빠는 경우가 많습니다. 하지만 빠는 동작이 계속 되면 부정 교합이 와서 이를 갈게 되거나, 중이염에 잘 걸리게 되고, 턱 관절이 약화될 수 있습니다. 아이의 심리적 안정을 고려하며 젖을 먹이고 싶어하는 엄마들도 있습니다. 그러면 아이는 아이대로 '갓난아기'에서 헤어나지 못할 뿐 아니라 엄마도 아이를 자꾸만 '아기'로 취급하게 됩니다. 또한 너무 늦게까지 젖을 먹게 되면 이유식을 잘 먹으려 하지 않아서 철분 같은 특정한 영양소가 결핍되기 쉽습니다. 아이가 스스로 독립적인 기능을 하고 엄마에 대한 의존도를 줄일 수 있도록 돌 반 정도면 모유 수유를 뗄 것을 권합니다. 이 시기 이후 수유를 한다면 가급적 낮 시간에 1~2회 정도가 적당합니다.

[완료기 이유식 및 수유 시간]

6시	8시	10시	12시	16시	18시	21시
수유	이유식	(간식)	이유식	(간식)	이유식	수유

✚ 그동안 먹이지 않았던 재료를 활용하세요

이유 완료기에는 이유식 후기까지 쓰지 않았던 현미나 돼지고기도 조금씩 쓸 수 있어요. 단, 돼지고기는 지방이 적은 안심을 쓰도록 하세요. 알레르기 위험이 높아 피했던 복숭아나 오렌지 같은 과일 등도 먹일 수 있지요. 하지만 먹어보지 않았던 새로운 음식이므로 한꺼번에 많이 먹지 않도록 주의하세요.

✚ 육류, 생선을 하루 2~3회 먹이세요

성장이 빠르게 이루어지는 시기이므로 철분과 칼슘의 섭취가 무척 중요합니다. 따라서 철분과 칼슘의 체내 흡수율이 높은 육류와 생선을 하루 2~3회 정도 먹을 수 있도록 식단을 짜주세요. 철분의 흡수를 높이는 데 꼭 필요한 것이 비타민이므로 채소, 과일 등도 함께 먹여주세요. 이 시기에는 두뇌 발달과 성장에 필요한 칼로리의 반을 지방에서 섭취해야 하기 때문에, 육류와 생선은 양질의 지방을 섭취하는 데도 중요한 식품입니다. 육류와 생선뿐 아니라 곡류, 달걀, 콩류, 우유와 유제품 등 5가지 식품군을 골고루 먹여주세요.

✚ 인스턴트 식품은 절대 금물입니다

돌이 가까워 오면 햄이나 어묵, 과자 등 인스턴트 식품을 간식으로 주는 경우가 많은데 절대 금해야 합니다. 인스턴트 식품의 자극적인 맛에 길들여진 아이들은 이유식을 먹지 않으려 하고 자라서도 인스턴트 식품을 좋아하게 될 가능성이 큽니다. 인스턴트 식품의 가장 큰 문제점은 아이를 비만과 성인병으로 이끄는 원흉이라는 것입니다. 인스턴트 식품에는 인산나트륨을 비롯한 각종 식품 첨가물이 다량 들어 있는데 이것은 아연의 흡수를 방해합니다. 체내에 아연이 부족하면 인슐린 생성이 잘 되지 않아 당뇨병에 걸리기 쉬운 것은 물론이고, 생식기가 위축되어 정자 생성도 잘 이루어지지 않습니다.

✚ 생우유는 꼭 먹이지 않아도 됩니다

돌 이후에는 하루 세 끼의 기본적인 식사가 하루 섭취 칼로리 중 70% 이상의 주 영양원이 되어야 하고, 사이사이에 생우유, 두유, 과일, 치즈, 고구마, 옥수수, 감자 등을 간식으로 주어야 합니다. 돌 이후의 생우유와 두유는 필수 영양원이라기보다 좋은 음료의 개념으로, 분유를 떼고 대신 주는 것으로서 아이가 싫어한다면 굳이 주지 않아도 무방합니다. 컵으로 하루 500cc 이하로 주면 됩니다. 우유는 시중에서 판매하는 것이면 어떤 것을 먹여도 됩니다. 아이들이 섭취하는 음식의 양이 적기 때문에 저지방 우유를 먹여도 칼로리 손실 등의 문제는 없습니다.

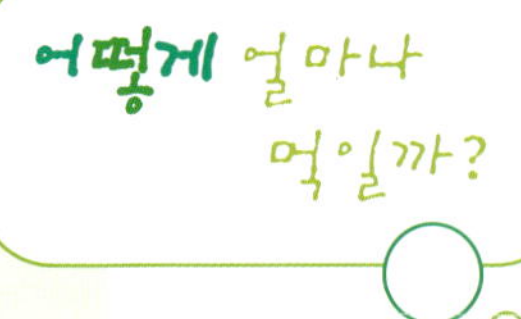

✚ 진밥을 국, 반찬과 함께 주세요

쌀과 물의 비율을 1:2 정도로 맞춰 진밥 형태로 만들어 국, 반찬과 함께 먹게 해주세요. 이때부터 밥, 국, 반찬을 위주로 하는 한국식 식습관을 만들어가야 합니다. 성장기 아이들에게는 필요한 영양소 중 특히 탄수화물은 뇌 활동을 활발하게 하는 영양소로 밥을 주식으로 할 경우 충분히 섭취할 수 있습니다. 채소나 생선은 삶아서 부드러운 밥 정도의 굳기와 0.5~1cm 크기로 썰어 먹여 주세요. 고기류는 익힌 후 잘게 다져 완자를 만들거나, 덩어리 고기를 찢어서 주세요. 당근이나 감자와 같은 채소를 익혀 1cm 정도 두께로 썰어 손에 들고 먹게 해도 좋습니다.

✚ 다양한 조리법으로 편식을 예방하세요

여러 가지 음식을 먹이는 것이 좋다 하여 매번 찌거나 삶는 방법으로 요리를 하면 아이가 싫증을 낼 수도 있고, 그 음식을 싫어하게 될 수도 있습니다. 이럴 때는 조리법을 다양하게 해보세요. 예를 들어 두부를 국에만 넣지 말고, 기름을 살짝 두르고 부쳐 주어도 좋고, 나물을 무칠 때 으깨 넣어도 좋습니다.

✚ 아침은 반드시 먹이세요

아침에는 밤새 떨어져 있던 기초 대사량이 급격히 늘어나면서 많은 에너지를 필요로 합니다. 하지만 몸에 축적되어 있는 에너지원에는 한계가 있게 마련이어서 아침을 굶으면 점심때 이를 만회하기 위해 폭식을 하게 됩니다. 한꺼번에 영양소를 받아들인 인체는 불과 1~2시간 전만 해도 급격히 떨어졌던 혈당 지수를 과격하게 올리는데 이것이 반복되면 소아 비만이나 소아 고혈압, 소아 당뇨 등의 발병률이 높아집니다. 이것이 반복되면서 정서적인 불안감이나 두뇌 계발 저하 등 '성장기 장애'를 불러일으킬 수 있으므로 아침은 꼭 먹여야 합니다.

✚ 빵보다는 밥이 좋아요

완료기가 되면 하루 한 끼 정도는 빵과 우유 등으로 해결하려는 엄마들이 많은데 이는 좋지 않아요. 빵의 주재료는 99% 수입산 밀가루입니다. 아무리 막 구워낸 빵이라 해도 재료 자체는 전혀 신선하지 않은 것이지요. 단, 주 2회 정도 빵이나 국수를 먹는 것은 괜찮습니다.

[이유 후기의 하루치 열량과 영양소]

열량	900~1000kcal
단백질	20g
칼슘	300mg
철분	8mg
비타민 C	300mg

[이유 후기에 필요한 식품군 및 양과 횟수]

식품군	한 끼 분량	횟수	가능 식품	피할 식품
곡류	불린 쌀 30~40g (6~8작은술)	3회	대부분의 곡류 가능	
육류	25~30g (5~6작은술)	한 가지를 택해서 3회	쇠고기(등심, 안심, 우둔살), 닭고기(가슴살)	
어류	25~30g (5~6작은술)		흰살 생선, 새우살, 게살, 연어살 등	참치를 제외한 등 푸른 생선
알류	달걀노른자 1개 메추리알 2~3개		달걀노른자	달걀흰자
콩류	두부 25~30g(1/17 ~1/14모), 콩 5알		두부, 대부분의 콩	두유
우유 및 유제품	유아용 치즈 1장 또는 플레인 요구르트 1개	1회(모유나 분유를 뗀 후부터는 생우유를 2회 정도 간식으로 줄 수 있다)		
채소류	20~40g (4~8작은술)	4~5회(이유식에 넣거나 간식으로 준다)	시금치, 당근, 애호박, 브로콜리, 양배추 등	향이 강하고 섬유질이 많은 채소(죽순,우엉,깻잎)
과일류	30~40g (6~8작은술)	1~2회(이유식에 넣거나 간식으로 준다)	대부분의 과일 가능	
유지류	2.5~5g (1/2~1작은술)	2~3회	대부분의 유지류 가능	

완료기 이유식에 관한 궁금증 Q&A

Q 돌 된 아이가 감기를 앓고 난 후 이유식을 잘 먹지 않아요. 그러다보니 배가 고플까봐 분유를 계속 주는데 어떤 방법으로 분유를 끊고 이유식 양을 늘릴 수 있을까요?

지금 가장 효율적으로 분유를 떼는 방법은 일시에 젖병과 분유를 다 버리는 것입니다. 아이가 순조롭게 떼준다면 더없이 고맙겠지만, 그렇지 못할 경우 엄마의 결단이 필요합니다. 한동안 아이와 실랑이를 벌이겠지만 일시에 떼서 아이에게 적응의 시기를 주는 것이 더 효율적이에요. 그런 다음 매끼 진밥과 국, 반찬으로 상을 차려주면서 아이가 즐겁게 식사할 수 있도록 해주세요.

Q 돌이 갓 지난 아이에게 분유를 하루에 420ml씩 주고 있습니다. 신생아 때부터 변비가 심해서 분유를 계속 먹이고 있습니다. 생우유를 먹여야 할 시기인데 분유를 계속 먹여도 될까요?

분유는 모유와 달리 위산에 잘 녹지 않고, 응고력이 강한 카제인이라는 단백질이 주여서 변비의 한 원인이 됩니다. 아이가 태어났을 때부터 변비가 있었다면 그것은 분유가 원인이었을 가능성이 높아요. 생우유 역시 변비의 원인이 되므로 주지 않아도 됩니다. 아이에게 변비가 있다면 생우유나 분유를 논할 것이 아니라 유제품 자체를 끊고 아이의 하루 영양 전체를 점검하여 바른 영양을 줄 수 있도록 해야 해요. 변비란 단지 변을 보기 힘든 현상이 문제가 아니라 아이의 영양에 문제가 있음을 알려주는 하나의 사인이라 할 수 있습니다.

Q 돌이 지난 아이에게 국에 밥을 말아 먹이니 잘 씹지 않고 넘기는 것 같은데 괜찮은가요?

밥을 국이나 물에 말아 주면 침의 소화 효소가 물과 섞여 제대로 기능을 못하게 됩니다. 아이 역시 입안에서 씹지 않고 그냥 넘겨버리기가 쉬워 꼭꼭 씹어 먹는 습관을 기르는 데 방해가 됩니다. 조금 더 먹이고 싶다는 마음에 아이에게 익숙한 음식을 아이가 좋아하는 형태로 주면 잘못된 식습관을 고착화시키는 원인이 됩니다.

Q 아기 과자나 아기 음료처럼 유아용 간식이 많이 나오는데요, 일반 제품과는 차이가 있나요?

언제부터인가 베이비나 유아용이라는 단어가 붙은 제품들이 늘고 있고, 베이비 생수와 같은 재미난 제품들도 나오고 있어요. 생수란 어떠한 조치도 하지 않은 맑은 물을 말하는 것인데 베이비 생수는 뭘 말하는 것인지 궁금합니다. 베이비라는 단어가 붙었다 해서 유아용은 아닙니다. 때로는 베이비 주스를 하루에 얼마나 먹여야 하는가 하는 질문을 받기도 하는데, 이는 마치 좀 더 큰 아이들에게 하루 콜라를 얼마나 먹어야 하는가 하는 물음이나 같습니다. 베이비 주스나 베이비 과자 모두 기호식품이지 간식류는 아닙니다. 간식은 주식으로 섭취하기 힘든 영양소들을 보충하기 위한 영양원이지만, 기호식품은 식품 첨가물이 들어가 있는 것들이 대부분이므로 가급적 먹이지 마세요.

Q 잡곡밥이 몸에 좋다고 하는데 언제부터 먹일 수 있나요? 완료기에 먹여도 되는지 궁금합니다.

아직 아이들이 먹는 음식의 양은 상대적으로 적어서 칼로리를 충분하게 공급하는 데 어려움이 있습니다. 잡곡밥의 경우 탄수화물 중 섬유질이 차지하는 비율이 높아서 변을 잘 보게 할 수는 있으나 아직 소화력이 약하고 소량으로 높은 칼로리의 공급이 이루어져야 하는 아이들에게는 좋은 영양원이라 하기는 어려워요. 또한 아직 씹는 기능이 약한 아이들에게 거친 음식은 소화에 지장을 줄 우려가 있습니다.

Q 채소에 남아 있는 유해 물질을 없애는 손질법이 있나요?

A 나물이나 채소는 흐르는 물에 씻은 후 소금물에 담가두면 유해 물질이 녹아 나옵니다.

채소비빔밥

여러 가지 채소를 한꺼번에 섭취할 수 있어 영양적으로 아주 좋은 비빔밥입니다. 아기들에게 여러 재료들의 씹는 맛과 훈련을 겸할 수 있어 더 좋은 메뉴인 것 같아요. 메추리알은 달걀보다 비타민 B2가 3배 정도 많은데 생후 11개월부터 먹을 수 있어요.

준비할 재료는요 | 밥 60g(4큰술), 쇠고기 10g(1큰술), 당근 10g(1큰술), 애호박 10g(1큰술), 느타리버섯 10g($1\frac{1}{3}$큰술), 포도씨유 1작은술, 메추리알 1개
쇠고기 밑간(양파즙 1/2작은술, 참기름 1/2작은술)

이렇게 만들어요

1 쇠고기는 3mm 크기로 다져 양파즙과 참기름으로 밑간을 해둡니다.
2 당근, 애호박, 느타리버섯은 1cm 길이로 얇게 채썰어주세요.
3 밑간해둔 쇠고기와 채썬 당근, 애호박, 느타리버섯을 각각 팬에서 볶아낸 뒤 밥 위에 얹고 메추리알로 프라이를 해서 얹어 냅니다.

버섯물만두

준비할 재료는요 | 두부 40g(으깬 것 2큰술), 숙주나물 10g(1큰술), 표고버섯 10g(2/3개), 느타리버섯 10g(1⅓큰술), 배춧잎 1장, 녹말가루 1작은술, 참기름 1작은술, 만두피 10장 정도, 통깨 약간, 다진 실파 약간

이렇게 만들어요

1 두부는 끓는 물에 데친 뒤 으깨어 물기를 꼭 짜주세요.
2 숙주나물과 배춧잎은 잎 부분만 데쳐서 잘게 다집니다.
3 표고버섯은 충분히 불린 뒤 느타리버섯과 함께 잘게 다집니다.
4 으깬 두부에 다진 숙주나물, 배춧잎, 버섯들을 넣고 녹말가루와 참기름을 넣어 치대어 소를 만듭니다.
5 만두피에 소를 넣어 빚은 뒤 끓는 물에 넣고 떠오르면 건져내어 통깨와 다진 실파를 뿌려 냅니다.

TIP

만두피를 집에서 만들 땐 밀가루 1컵에 소금 약간, 물 1/4컵 비율로 반죽한 후 비닐 팩에 30분 정도 두었다가 얇게 밀어서 쓰면 됩니다.

만두는 각종 채소를 섭취할 수 있는 아주 좋은 메뉴랍니다.

흰살생선전

준비할 재료는요 | 흰살 생선 60g, 밀가루 약간, 달걀노른자 1개, 우유 2큰술, 포도씨유 약간

이렇게 만들어요

1 흰살 생선은 껍질과 가시를 제거한 뒤 아기가 집어 먹을 수 있는 크기로 잘라 물기를 빼둡니다.
2 손질한 생선을 밀가루에 묻힌 뒤 달걀과 우유를 섞어 푼 달걀물을 묻혀 포도씨유를 두른 팬에서 노릇하게 지져냅니다.

녹말물은 녹말가루와 물을 1:1로 섞어 사용합니다.

당면잡채덮밥

준비할 재료는요 | 밥 60g(4큰술), 불린 당면 30g(3큰술), 쇠고기 10g(1큰술), 표고버섯 10g(2/3개), 시금치 10g(1큰술), 당근 10g(1큰술), 포도씨유 1작은술, 육수 60ml, 녹말물 1작은술
쇠고기 밑간(양파즙 1/2작은술, 참기름 1/2작은술)

이렇게 만들어요

1 당면은 부드러워질 때까지 불려 3cm 정도 길이로 잘라 준비합니다.
2 쇠고기는 3mm 크기로 잘라 양파즙과 참기름으로 밑간한 뒤 팬에서 볶아냅니다.
3 표고버섯과 시금치, 당근은 1cm 길이로 얇게 채썰어 각각 볶아냅니다.
4 팬에 불린 당면과 육수를 넣고 끓이다가 당면이 익으면 볶은 채소들을 넣어 녹말물로 농도를 맞춘 뒤 밥에 끼얹어 냅니다.

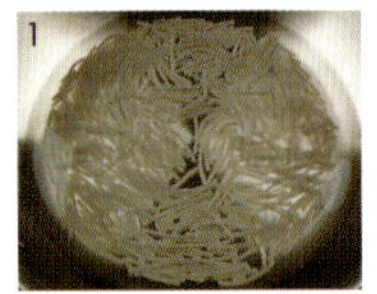
1

4

쇠고기덮밥

준비할 재료는요 | 밥 60g(4큰술), 쇠고기 20g(2큰술), 양파 10g(1큰술), 청경채 5g(1큰술), 팽이버섯 10g(1.5큰술), 육수 60ml, 녹말물 1작은술
쇠고기 밑간(양파즙 1/2작은술, 참기름 1/2작은술)

이렇게 만들어요

1 쇠고기는 3mm 크기로 다져 양파즙과 참기름으로 밑간해둡니다.
2 양파와 청경채, 팽이버섯은 7mm 크기로 썰어 준비합니다.
3 팬에 밑간해둔 쇠고기를 넣고 볶다가 썰어둔 채소들을 넣어 볶아줍니다.
4 3에 육수를 붓고 끓으면 녹말물로 농도를 맞추어 밥에 끼얹어 냅니다.

1

4

현미채소밥

준비할 재료는요 | 불린 쌀 40g(2$\frac{2}{3}$큰술), 불린 찹쌀현미 10g(2작은술), 감자 15g(1$\frac{1}{2}$큰술), 당근 10g(1큰술), 애호박 10g(1큰술), 시금치 10g(1큰술), 물 120ml

이렇게 만들어요

1 쌀과 찹쌀현미는 깨끗이 씻어 30분 정도 찬물에 불려 준비합니다.
2 감자와 당근은 7mm 크기로 썰고 애호박은 껍질을 벗기고 속을 파낸 뒤 7mm 크기로 썰어주세요.
3 시금치는 끓는 물에 살짝 데쳐 7mm 크기로 썰어 준비합니다.
4 냄비에 불린 쌀과 물을 넣고 센 불에서 끓이다가 한소끔 끓어오르면 썰어둔 감자, 당근, 애호박을 넣고 약한 불에서 끓입니다.
5 채소들이 익으면 마지막에 시금치를 넣고 밥알이 퍼질 때까지 뜸을 들입니다.

애호박은 껍질을 얇게 벗긴 뒤 돌려깎으면 씨 부분을 쉽게 제거할 수 있답니다. 찹쌀현미를 섞어 미리 진밥을 해두면 조리하기가 훨씬 쉬워진답니다.

조갯살콩나물밥

준비할 재료는요 | 밥 60g(4큰술), 조갯살 15g(1.5큰술), 콩나물 15g(1.5큰술), 무 10g(1큰술), 다시마 물 60ml, 참기름 1작은술, 통깨 약간

이렇게 만들어요

1 조갯살은 깨끗이 씻어 잘게 다집니다.
2 콩나물은 꼬리를 떼고 2cm 길이로 썰고, 무는 얇게 채썰어주세요.
3 냄비에 손질한 조갯살, 콩나물, 무를 넣고 다시마 물을 부은 뒤 뚜껑을 덮고 끓입니다.
4 콩나물이 익어 비린내가 안 나면 뚜껑을 열고 밥을 넣은 뒤 참기름과 통깨를 넣고 비벼 냅니다.

조개는 철분과 비타민 B12가 풍부해서 빈혈을 막고 소화기능 장애에 효과가 있어요.

미트소스스파게티

토마토의 **리코펜 성분**은 열을 가해 익혔을 때 더욱더 활성화되고 양이 많아진다고 하네요. 게다가 **올리브유**와 함께 조리하면 흡수율을 더욱더 높일 수 있다고 합니다. 그러니 미트소스는 토마토를 가장 좋은 상태로 먹을 수 있는 방법인 것 같아요.

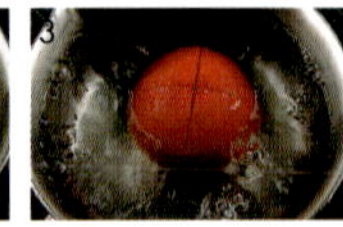

준비할 재료는요 | 스파게티 50g(손가락 굵기 정도), 쇠고기 10g(1큰술), 양파 10g(1큰술), 토마토 1/2개, 토마토 케첩 1큰술, 육수 50ml, 올리브유 약간

이렇게 만들어요

1 스파게티는 3등분 정도로 끊어 끓는 물에 충분히 삶아 건집니다.

2 쇠고기는 3mm 크기로 다지고, 양파는 7mm 크기로 썰어주세요.

3 토마토는 열십자로 칼집을 넣고 끓는 물에 살짝 데쳐 껍질을 벗긴 뒤 1cm 크기로 다집니다.

4 팬에 올리브유를 두르고 다진 쇠고기와 양파를 볶다가 어느 정도 익으면 토마토와 토마토 케첩을 넣고 잘 섞은 뒤 육수를 넣어 푹 끓입니다.

5 스파게티에 끓인 미트소스를 뿌려 냅니다.

Q 소스용으로 사용할 토마토는 말랑말랑한 것이 좋을까요?

A 토마토는 동그랗고 딱딱한 것이 맛있습니다. 익히면 부드러워지므로 일부러 말랑한 토마토를 사용할 필요는 없습니다.

닭고기너트볶음밥

준비할 재료는요 | 밥 60g(4큰술), 닭 안심살 20g(2큰술), 호두 1개, 다진 아몬드 1작은술, 브로콜리 10g(1$\frac{1}{3}$큰술), 당근 10g(1큰술), 우유 1큰술, 포도씨유 1작은술

이렇게 만들어요

1 닭고기는 5mm 크기로 썰어 우유 1큰술을 넣고 버무려둡니다.
2 호두는 살짝 데쳐서 속껍질까지 벗겨 잘게 다지고, 아몬드도 잘게 다져 준비합니다.
3 브로콜리와 당근은 7mm 크기로 썰어주세요.
4 팬에 포도씨유를 두르고 닭고기를 볶다가 어느 정도 익으면 썰어둔 브로콜리와 당근을 넣고 볶습니다.
5 고기와 채소가 익으면 밥을 넣고 볶은 뒤 다진 호두와 아몬드를 뿌려 냅니다.

1

4

5

닭고기를 우유에 재어 두면 냄새도 제거되고 고기도 부드러워 진답니다.

새우볶음밥

준비할 재료는요 | 밥 60g(4큰술), 칵테일 새우 20g(2큰술), 당근 10g(1큰술), 양파 10g(1큰술), 피망 10g(1큰술), 포도씨유 약간

이렇게 만들어요

1 칵테일 새우는 끓는 물에 살짝 데친 뒤 7mm 크기로 썰어 준비합니다.
2 당근, 양파, 피망도 7mm 크기로 썰어주세요.
3 팬에 포도씨유를 두르고 썰어둔 새우와 채소들을 넣고 볶다가 밥을 넣고 잘 섞어 볶은 뒤 통깨를 뿌려 냅니다.

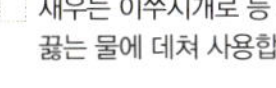

새우는 이쑤시개로 등 쪽의 내장을 제거한 뒤 끓는 물에 데쳐 사용합니다.

2

3

감자크로켓

이 시기 아기들은 가끔씩 튀긴 음식들도 먹을 수 있습니다.
식욕을 돋우는 튀김… 아기들이 밥 먹기 지겨워할 때 한번씩 만들어 주세요.
직접 집어 먹는 재미에 고소한 맛까지 더해져 아주 잘 먹지요.

포도씨유는 발열점이 높아 쉽게 타지 않고 산화도 잘 되지 않아 튀김 기름으로 아주 좋아요.

준비할 재료는요 | 감자 50g(1/2개), 달걀노른자 1개, 당근 10g(1큰술), 브로콜리 10g(1$\frac{1}{3}$큰술), 양파 10g(1큰술), 밀가루 약간, **달걀물**(달걀노른자 1개, 우유 2큰술), 빵가루 약간, 포도씨유

이렇게 만들어요

1 감자와 달걀노른자는 삶아서 뜨거울 때 으깨어 준비합니다.
2 당근과 브로콜리, 양파는 7mm 크기로 썰어주세요.
3 으깬 감자와 달걀노른자에 썰어둔 채소들을 섞은 뒤 아기가 쉽게 집어 먹을 수 있는 크기로 빚습니다.
4 빚은 반죽은 밀가루, 달걀물, 빵가루 순으로 튀김옷을 입힌 다음 포도씨유에 튀겨냅니다.

Q 아기 몸무게가 너무 적게 나가서 고민이에요.

A 같은 재료라도 기름에 튀기면 칼로리가 높아지니 찌거나 삶기보다 볶거나 튀기는 이유식을 적절히 먹이면 좋습니다.

느타리버섯나물

준비할 재료는요 | 느타리버섯 40g(1줌), 당근 10g(1큰술), 브로콜리 10g(1⅓큰술), 참기름 1작은술, 검은깨 1/2작은술, 참깨 1/2작은술

이렇게 만들어요

1 느타리버섯은 살짝 데쳐 가늘게 찢어 1cm 길이로 썰어둡니다.
2 당근과 브로콜리도 데쳐서 당근은 얇게 채썰고 브로콜리는 7mm 크기로 썰어주세요.
3 검은깨와 참깨는 절구에 곱게 갈아 준비합니다.
4 썰어둔 버섯, 당근, 브로콜리에 간 깨와 참기름을 넣어 버무려 냅니다.

보리새우볶음

준비할 재료는요 | 보리새우 30g(1컵), 쌀엿 1작은술, 참기름 1작은술, 통깨 약간

이렇게 만들어요

1 보리새우는 체에 한 번 쳐서 티를 골라내고 기름을 두르지 않은 팬에서 바삭하게 볶아줍니다.
2 여기에 쌀엿과 참기름을 넣고 잘 볶아줍니다.
3 마지막에 통깨를 뿌려 냅니다.

쌀엿으로만 맛을 내어 간식으로 주어도 괜찮아요.

새우특유의 달콤한 향 때문에 우리아이들이 좋아하는 반찬 중 하나랍니다.

grandmother
granddaughter
grandson

PART 6

건뇌 식품과 좋은 식습관이 **똑똑한** 아이를 만듭니다

건뇌 이유식

두뇌 발달에 좋은

뇌는 다른 장기와 마찬가지로 먹는 음식에 따라 건강 상태가 좋아지기도 하고 나빠지기도 합니다. 뇌의 에너지원으로 쓰이는 것은 탄수화물 속의 당분이에요. 그러나 당분만으로는 뇌 활동이 활성화되지 않지요. 단백질, 지방, 비타민 등을 골고루 섭취해야 뇌 발육도 활발해집니다. 뇌는 엄마 뱃속에서부터 만들어지기 시작해서 생후 10개월이면 전체의 90%가 완성됩니다. 무게만 해도 출생 당시에 이미 어른의 70%에 이르고, 크기도 24개월이면 성인의 90%가 되지요. 따라서 뇌 발육이 가장 왕성한 0~3세 사이에 탄수화물과 단백질, 지방, 비타민을 충분히 공급해줘야 지능도 발달하게 됩니다. 아토피가 있다 해도 정해진 개월에 이유식을 시작해야 하는 중요한 이유도 여기에 있습니다. 아토피로 인해 이유식을 뒤로 미룰 경우 아이의 두뇌 발달에는 분명 좋지 않은 영향을 줄 것입니다.

뇌 발달에 좋은 영양소와 식품

단백질

뇌 세포를 구성하는 단백질 식품을 먹이세요

단백질은 뇌 세포를 구성하는 중심 성분인 만큼 3세 이전에 충분히 섭취하도록 해줘야 뇌 세포가 제대로 자랄 수 있습니다. 이 시기에 단백질이 부족하면 사고력과 기억력이 떨어지고 지능 발달에 나쁜 영향을 미치게 됩니다. 뇌는 5세를 기점으로 발육이 느려지기 때문에 그 후에는 단백질을 보충해줘도 그다지 도움이 되지 않습니다. 하지만 단백질이 아무리 두뇌 발육에 좋다 해도 단백질에 치우친 식사는 오히려 해가 되니 주의하세요. 아이들은 하루치 열량 권장량의 20%만 단백질로 섭취하면 충분합니다. 동물성 단백질과 식물성 단백질을 골고루 주는 것도 잊어서는 안 됩니다.

단백질을 이루는 성분은 아미노산으로, 반드시 음식을 통해 섭취해야 하는 것을 필수 아미노산이라고 합니다. 아이들에게는 페닐알라닌, 트립토판, 발린, 루이신, 아이소루이신, 메티오닌, 트레오닌, 라이신, 히스티딘, 아르기닌의 10가지 필수 아미노산이 필요한데, 식물성 단백질은 이러한 필수 아미노산이 다 들어가 있지 않은 제한 단백질이며, 동물성 단백질에 비해 상대적으로 적은 양의 단백질을 함유하고 있는 불완전 단백질입니다. 반면에 동물성 단백질은 필수 아미노산을 모두 가지고 있는 완전 단백질이기에 성장기에 있는 아이들은 동물성과 식물성 단백질의 비율을 3:1로 동물성 단백질 위주로 섭취하는 것이 좋습니다. 만약 식물성으로 단백질을 공급할 경우 식물성 단백질은 서로 부족한 아미노산을 보완하기 위해 조율이 필요합니다. 예를 들어 쌀에는 라이신이라는 필수 아미노산이 부족한 반면 콩에는 라이신이 풍부하기에 콩밥이 영양가가 높아지는 것입니다.

무기질

무기질 식품으로 신진대사를 촉진하세요

무기질은 신진대사를 촉진하는 역할을 하는 중요한 조절 영양소입니다. 특히 뼈와 치아, 혈액을 구성하는 물질로 성장기 아이들에게는 꼭 필요한 영양소입니다. 칼슘은 뇌 세포의 흥분을 가라앉히는 작용을 하기 때문에 두뇌 발달에 가장 좋은데 칼슘이 부족해 뇌가 안정되지 않으면 조그만 자극에도 뇌가 민감하게 반응해 집중력이 떨어집니다. 대표적인 무기질 식품으로는 깨, 멸치, 호두, 콩, 두부, 우유, 미역, 다시마, 김 등이 있어요.

지방

지방 식품으로 뇌 발달을 도와주세요

뇌 세포는 약 60%가 지방으로 이루어져 있습니다. 그중에서도 뇌신경 세포에 많은 불포화 지방산은 신경 세포막의 기능을 정상적으로 유지시키는 역할을 하지요. DHA는 뇌 세포와 망막 세포를 형성하므로 DHA의 섭취가 적을 경우 지능 발달과 시각 발달에 영향을 줄 수 있습니다. DHA는 주로 등 푸른 생선에 많이 함유되어 있어요. 또한 아마씨나 호두기름 등에 풍부한 불포화 지방산인 알파-리놀렌산은 체내에 흡수되면 DHA와 EPA로 변합니다. 이외에도 잣, 호두, 깻잎, 콩, 참깨, 유채씨, 참기름, 콩기름 등은 알파-리놀렌산이 풍부한 식품입니다. 알레르기가 없다면 생후 6~10개월까지는 잣, 호두, 콩, 참깨, 참기름, 콩기름만 먹이다가 11~12개월 무렵부터는 깻잎을 제외한 모든 것을 먹일 수 있어요. DHA는 참치, 삼치, 방어, 꽁치, 정어리, 고등어 같은 등 푸른 생선에 많은데 생후 11개월이 지나면 참치살부터 조금씩 먹여보세요.

비타민

비타민 식품으로 뇌 활동을 도와주세요

비타민 B군은 뇌의 활동력과 집중력을 높여줍니다. 특히 비타민 B1은 당분이 에너지로 바뀌는 데 반드시 필요한 성분이지요. 비타민 B군이 많은 식품으로는 참깨, 해바라기씨, 호밀빵, 돼지고기, 뱀장어, 꽁치 등이 있습니다.

비타민 C는 신경 전달 물질을 합성해 좌뇌와 우뇌가 긴밀하게 협조할 수 있도록 도와주는 역할을 합니다. 그래서 비타민 C를 많이 먹으면 운동 능력 발달에도 많은 도움이 되지요. 비타민 C는 과일과 감자, 파슬리, 브로콜리, 피망 같은 채소에 많이 들어 있어요.

비타민 E는 뇌의 노폐물을 없애는 데 도움이 됩니다. 산소와 지방산이 만나면 혈액을 산성화시키는 과산화 지질이라는 물질이 만들어지는데 비타민 E가 그 둘의 결합을 억제하는 역할을 합니다. 비타민 E는 곡식의 씨눈에 많아요.

탄수화물

탄수화물 식품으로 뇌에 에너지를 공급하세요

탄수화물이 분해되면서 생기는 포도당은 많은 양의 에너지를 내는 좋은 에너지원입니다. 뇌가 활동하기 위한 '연료'가 되는 셈이지요. 특히 뇌 발육이 왕성한 아이들은 하루치 열량 권장량의 35~45%를 탄수화물로 섭취해야 뇌가 활발하게 움직일 수 있습니다. 탄수화물이 많은 식품으로는 쌀, 찹쌀, 보리, 밀, 차조, 콩, 팥, 옥수수, 감자, 고구마, 밤, 미숫가루, 국수, 떡, 빵, 오트밀 등이 있습니다. 그러나 생후 4~5개월 무렵에는 쌀, 찹쌀, 오트밀 감자, 고구마 외에는 먹이지 않도록 하세요. 생후 6~10개월 무렵부터는 차조나 콩도 먹을 수 있고, 돌 전후가 되면 대부분의 곡류를 먹을 수 있습니다.

뇌 발달을 돕는 식사 습관

one 꼭꼭 씹어 먹게 하세요

아이는 생후 6개월이 지나면 음식물을 입에 넣고 오물거리기 시작합니다. 이때부터 이유식을 한 숟가락씩 떠 넣어주면서 오래 오물거릴 수 있게 해주세요. 아이가 말귀를 알아들으면 엄마가 숫자를 열까지 세면서 꼭꼭 씹어 먹게 하면 좋아요. 이와 잇몸, 혀를 이용해서 음식을 오래 씹을수록 여러 가지 맛을 제대로 느낄 수 있고 두뇌 발달에도 도움이 됩니다. 또한 잇몸에 음식을 올려 잘 씹을 수 있게 만들고, 이와 잇몸으로 음식을 으깨고, 입 안 여기저기에 흩어져 있는 음식을 한곳으로 모으는 동작은 모두 혀의 움직임에 따른 것입니다. 혀를 많이 이용할수록 두뇌 발달도 빨라집니다.

two 스스로 먹게 하세요

숟가락이나 포크, 컵으로 음식을 먹고 마시는 데는 많은 손동작이 요구됩니다. 이러한 손동작이 두뇌에 좋은 자극이 되는 것은 말할 것도 없죠. 또한 숟가락으로 떠서 입으로 가져가고, 씹어 삼키는 등 한 번에 여러 가지를 해야 하는 행동은 적극적인 두뇌 활동을 필요로 합니다. 아이가 두 돌이 되면 좀 더 정교한 손동작이 요구되는 젓가락질도 가르쳐보세요. 숟가락과 포크, 젓가락, 컵을 사용하다보면 손과 눈의 협응력이 길러지고, 집중력과 사고력 발달에도 도움이 됩니다. 생후 8개월이 지나면 아이가 어지른다고 야단치거나 떠 먹여 주지 말고 스스로 음식을 먹을 수 있도록 하는 것이 좋습니다.

three 아침은 꼭 먹이세요

뇌는 아이가 자고 있는 동안에도 깨어서 활발하게 활동을 합니다. 그러다 아침이 되면 전날 저녁 식사에서 얻은 영양분을 모두 써버려 뇌 활동이 둔해지기 쉬워요. 심장이 온몸으로 혈액을 보내는 데 사용하는 에너지의 60배가 뇌 운동에 필요하기 때문에 에너지 공급은 뇌의 활성화에 매우 중요합니다. 아침을 거르지 않고 먹어야 뇌 활동이 활발해지고 몸도 깨어나 하루를 활기차게 시작할 수 있습니다. 특히 뇌의 운동과 활성화에 필요한 에너지원인 탄수화물을 아침으로 섭취하는 것이 중요합니다.

four 말을 걸어주면서 먹이세요

아이는 생후 6개월이 지나면서 기억력과 인지 능력이 발달하기 시작합니다. 주위 사람들의 표정을 읽고, 말은 못하지만 자신의 감정도 표현하게 되지요. 이때 이유식을 먹이면서 말을 걸어주면 두뇌 발달에 좋은 자극이 됩니다. 또한 돌 전후에는 인지력과 언어 능력 등에 관여하는 대뇌의 신경회로가 급격히 발전하는 시기이므로 대뇌 발달을 도와줄 수 있도록 식사 시간에는 대화를 많이 하는 것이 좋아요. 편안하고 즐거운 분위기에서 식사를 하면 소화 흡수가 잘 되어 신체와 두뇌 발육이 좋아집니다. 자연스럽게 말을 하고 듣는 과정에서 언어나 지각이 발달하는 것이죠. 아이가 맛이나 색에 대한 느낌과 표현을 일치시킬 수 있도록 "이것은 신맛이 나네" "당근은 빨갛구나" 하고 말을 해주는 것도 좋습니다.

five 규칙적으로 식사하게 해주세요

우리 몸은 생활 전반에 걸쳐 일정한 리듬을 가지고 있어요. 일정 기간 동안 정해진 시간에 식사를 하면 우리 몸이 그 시간대를 기억했다가 소화 흡수를 돕는 효소와 호르몬을 내보냅니다. 반면에 식사를 불규칙적으로 하면 우리 몸이 그 기능을 제대로 발휘하지 못해 뇌에 충분한 영양을 줄 수 없어요. 아이들은 돌 전까지는 본능을 다스리는 대뇌가 성숙하지 않아 식사와 수면 등이 불규칙해질 수 있기 때문에 엄마가 아이들의 생활 습관을 규칙적으로 잡아주어야 해요. 따라서 이유기부터 규칙적인 식사 습관을 가질 수 있도록 식사 시간을 정해두는 것이 좋습니다.

차조미음 | 초기 |

좁쌀에는 단백질, 지방, 탄수화물 외에도 다양한 영양소가 많이 들어 있답니다.
뇌의 활동과 성장에 꼭 필요한 영양분들을 다 갖추고 있어
우리 아기들에겐 아주 좋은 식품 같아요.

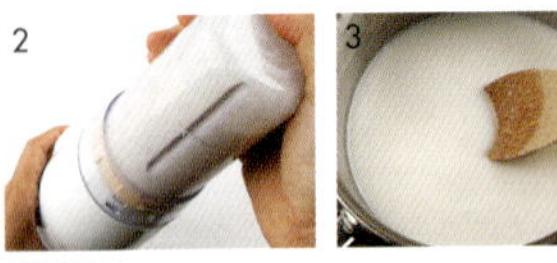

TIP

6개월 이후의 아기라면 체에 거르지 않아도 돼요.

준비할 재료는요 | 불린 쌀 7g(1.5작은술), 불린 차조 3g(1/2작은술), 물 120ml

이렇게 만들어요

1 쌀과 차조는 깨끗이 씻어 30분 정도 찬물에 불려 준비합니다.
2 불린 쌀과 차조는 물 1~2큰술 정도를 넣고 믹서기나 절구로 곱게 갈아주세요.
3 냄비에 간 쌀과 차조, 물을 넣고 센 불에서 끓이다가 한소끔 끓어오르면 약한 불로 줄이고 주걱으로 저어가며 쌀알이 부드럽게 퍼질 때까지 끓입니다.
4 끓인 미음은 고운 체에 걸러줍니다.

Q 아기가 집중력이 부족한데 어떤 재료가 좋을까요?

A 칼슘 섭취는 기억력을 좋게 하고 집중력을 강화해주므로 칼슘을 많이 함유한 깨, 호두, 멸치, 콩, 두부가 좋습니다.

흑미견과류죽 | 중기 |

호두나 땅콩 등의 **견과류**는 뇌에 영양을 공급하는 대표적인 **건뇌 식품**입니다. 견과류에는 불포화 지방산과 비타민 B, 무기질이 많아 기억력과 집중력을 높인다고 하네요. 씹히는 맛도 고소해서 아기들이 좋아할 것 같아요.

TIP

호두와 마찬가지로 잣도 키친 타월을 깔고 다져야 합니다.

준비할 재료는요 | 불린 쌀 10g(2작은술), 불린 흑미 5g(1작은술), 양배추 10g(1큰술), 호두 1/2개, 호박씨 1작은술, 잣 1작은술, 물 90ml

이렇게 만들어요

1 쌀과 흑미는 깨끗이 씻어 30분 정도 찬물에 불렸다가 믹서기나 절구에 약간 거칠게 갈아 준비합니다.

2 양배추는 굵은 심지 부분은 잘라내고 부드러운 부분만 3mm 크기로 다져주세요.

3 호두는 살짝 데쳐서 이쑤시개로 속껍질을 벗겨낸 다음 키친 타월을 깔고 잘게 다지고, 잣과 호박씨도 잘게 다져 준비합니다.

4 냄비에 간 쌀과 물을 넣고 센 불에서 끓이다가 한소끔 끓어오르면 약한 불로 줄이고 다진 양배추, 호두, 호박씨, 잣가루를 넣어 주걱으로 저어가며 쌀알이 부드럽게 퍼질 때까지 끓입니다.

단호박완두콩죽 | 중기 |

준비할 재료는요 | 불린 쌀 15g(1큰술), 단호박 20g(으깬 것 1큰술), 완두콩 10g(10알), 물 90ml

이렇게 만들어요

1 쌀은 깨끗이 씻어 30분 정도 찬물에 불려 믹서기나 절구로 약간 거칠게 갈아 준비합니다.
2 단호박은 찌거나 삶아서 속살만 주걱으로 으깨고, 완두콩은 충분히 불려서 삶아 껍질을 벗긴 뒤 절구로 굵게 으깨어줍니다.
3 냄비에 쌀과 물을 붓고 센 불에서 끓이다가 약한 불로 줄이고 으깬 단호박과 완두콩을 넣고 주걱으로 저어가며 쌀알이 부드럽게 퍼질 때까지 끓입니다.

2

3

쇠고기두부죽 | 중기 |

준비할 재료는요 | 불린 쌀 15g(1큰술), 두부 20g(으깬 것 1큰술), 쇠고기 15g(1.5큰술), 당근 10g(1큰술), 청경채 5g(1큰술), 양파 5g(1/2큰술), 물 90ml, 김가루 약간

이렇게 만들어요

1 쌀은 깨끗이 씻어 30분 정도 찬물에 불렸다가 믹서기나 절구로 약간 거칠게 갈아 준비합니다.
2 두부는 찬물에 20분 이상 담가 염분을 빼낸 뒤 끓는 물에 살짝 데쳐서 주걱으로 으깨어주세요.
3 쇠고기는 물에 넣고 끓여 건져내어 잘게 다집니다.
4 당근, 청경채, 양파는 3mm 크기로 다지고, 양파는 찬물에 담가 매운맛을 우려냅니다.
5 냄비에 쌀과 물을 붓고 센 불에서 끓이다가 약한 불로 줄이고 쇠고기와 당근, 청경채, 양파를 넣고 주걱으로 저어가며 쌀알이 부드럽게 퍼질 때까지 끓입니다.
6 마지막에 으깬 두부를 넣고 잘 섞은 뒤 김가루를 뿌려 냅니다.

2

5

6

바나나채소죽 | 중기 |

준비할 재료는요 | 불린 쌀 15g(1큰술), 바나나 1/3개, 감자 10g(1큰술), 당근 10g(1큰술), 애호박 10g(1큰술), 물 90ml

이렇게 만들어요

1 쌀은 깨끗이 씻어 30분 정도 찬물에 불린 뒤 믹서기나 절구로 약간 거칠게 갈아 준비합니다.
2 바나나는 포크로 으깨어주고, 감자, 당근, 애호박은 3mm 크기로 다져주세요.
3 냄비에 쌀, 감자, 당근, 애호박을 넣고 센 불에서 끓이다가 한소끔 끓어오르면 약한 불로 줄이고 주걱으로 저어가며 끓여줍니다.
4 마지막에 바나나를 넣고 쌀알이 부드럽게 퍼질 때까지 끓입니다.

바나나는 양쪽 끝 1cm 정도씩 잘라내고 사용하면 농약걱정을 조금 줄일수있어요.

닭안심살미역죽 | 중기 |

준비할 재료는요 | 불린 쌀 10g(2작은술), 불린 찹쌀 5g(1작은술), 닭 안심살 15g(1.5큰술), 불린 미역 10g(2작은술), 당근 10g(1큰술), 양파 5g(1작은술), 물 90ml

이렇게 만들어요

1 쌀과 찹쌀은 깨끗이 씻어 30분 정도 찬물에 불린 뒤 믹서기나 절구로 약간 거칠게 갈아줍니다.
2 닭 안심살은 물에 삶은 뒤 3mm 크기로 다지고, 불린 미역도 끓는 물에 살짝 데쳐 3mm 크기로 다집니다.
3 당근, 양파는 3mm 크기로 다져 준비합니다.
4 냄비에 쌀과 미역을 넣고 볶다가 물을 붓고 센 불에서 끓입니다.
5 밥물이 끓어오르면 약한 불로 줄이고 다진 닭 안심살과 당근, 양파를 넣고 주걱으로 저어가며 쌀알이 부드럽게 퍼질 때까지 끓입니다.

TIP

양파는 다진 후 찬물에 담가 매운맛을 우려냅니다.

고구마그라탱 | 후기 |

뇌 활동의 에너지원으로 쓰이는 탄수화물이 풍부한 **고구마**와 **감자**는 아기 이유식에 부담 없이 사용하기 좋은 재료입니다. 그리고 모든 영양소가 골고루 들어가 있는 완전 식품인 달걀도 **학습**, **기억**, **감각 능력**을 키우는 성분이 많이 들어 있다고 하네요.

1

4

고구마 속을 파낼 때 바닥에 잘 세워질 수 있도록 밑부분을 평평하게 잘라주세요.

준비할 재료는요 | 고구마 1/2개, 브로콜리 10g($1\frac{1}{3}$큰술), 당근 10g(1큰술), 건포도 2~3알, 달걀노른자 1/2개, 분유 탄 물이나 모유 2큰술, 유아용 치즈 1/2장

이렇게 만들어요

1 고구마는 껍질째 쪄서 반으로 가른 뒤 두께 1cm 정도만 남기고 속을 파냅니다.
2 달걀은 삶아서 노른자만 으깨고 파낸 고구마 속도 으깨어 준비합니다.
3 브로콜리와 당근은 데쳐서 5mm 크기로 다지고, 건포도는 물에 불린 뒤 잘게 다집니다.
4 2, 3의 재료들에 분유 물을 넣어 잘 버무린 뒤 고구마 껍질 속에 채워넣어요.
5 그 위에 치즈를 가늘게 잘라 얹어 전자레인지나 오븐에서 치즈가 녹을 정도로 익혀냅니다.

Q 아기 변이 염소 똥같이 딱딱해서 걱정이에요!

A 수분 섭취량을 늘리고 고구마처럼 섬유질이 풍부한 채소를 이유식으로 주면 좋습니다.

참치살채소무른밥 |후기|

준비할 재료는요 | 진밥 40g($2\frac{2}{3}$큰술), 참치살 20g(2큰술), 당근 10g(1큰술), 양파 10g(1큰술), 시금치 10g(1큰술), 물 60ml, 통깨 약간

이렇게 만들어요

1 참치살은 5mm 크기로 썰어주세요.
2 시금치는 살짝 데쳐서 5mm 크기로 썰고 당근, 양파도 5mm 크기로 썰어 양파는 찬물에 담가 매운맛을 우려냅니다.
3 냄비에 참치살과 당근, 양파, 물을 붓고 끓이다가 한소끔 끓어오르면 진밥과 시금치를 넣어 밥알이 퍼질 때까지 뜸을 들인 뒤 통깨를 뿌려 냅니다.

TIP

통조림 참치는 아직 사용할 수 없어요. 횟감용 참치나 덮밥용 냉동 참치를 이용하세요.

연어완두콩죽 |후기|

준비할 재료는요 | 진밥 40g($2\frac{2}{3}$큰술), 연어 20g(2큰술), 완두콩 10g(10알), 양파 10g(1큰술), 당근 10g(1큰술), 물 60ml

이렇게 만들어요

1 연어는 5mm 크기로 썰어두고, 완두콩은 충분히 불렸다가 삶아서 껍질을 벗긴 뒤 반으로 갈라 준비합니다.
2 양파는 5mm 크기로 썰어 물에 담가 매운맛을 우려내고, 당근도 5mm 크기로 썰어주세요.
3 냄비에 연어, 양파, 당근, 물을 넣고 끓이다가 한소끔 끓어오르면 불을 줄이고 진밥과 완두콩을 넣어 밥알이 퍼질 때까지 뜸을 들입니다.

요즘은 연어도 마트에서 쉽게 구입할 수가 있답니다. 하지만 훈제나 간이 되어 있는 연어는 피하고 생물이나 냉동 연어를 구입하는 것이 좋아요.

연어는 선명한 분홍색에 은빛을 띠며 지방에 흰 힘줄이 섞인 것으로 고르세요!

흰살생선 검은깨커틀릿 | 완료기 |

깨는 20%가 단백질로 이루어져 있고 필수 아미노산이 8가지나 들어 있는 아기의 **뇌 성장**에 아주 좋은 식품이랍니다. 생선에 **검은깨**를 입혀 만든 커틀릿은 고소함과 함께 씹으면 톡톡 터지는 즐거움도 느낄 수 있어요.

3

3

준비할 재료는요 | 흰살 생선 60g, 찹쌀가루 약간, 달걀노른자 1개, 우유 2큰술, 검은깨 1큰술, 참깨 1큰술, 포도씨유 약간

이렇게 만들어요

1 흰살 생선은 껍질과 가시를 제거한 뒤 아기가 집어 먹기 쉬운 크기로 잘라 물기를 빼 준비합니다.

2 달걀노른자와 우유를 섞어 달걀물을 만들고, 검은깨와 참깨는 잘 섞어 준비하세요.

3 생선살에 찹쌀가루, 달걀물을 입힌 뒤 섞은 깨를 골고루 묻혀 포도씨유를 두른 팬에 앞뒤로 골고루 익힙니다.

Q 다른 깨보다 검은깨가 더 좋은 영양 성분이 있나요?

A 깨 중에서도 검은깨는 레시틴이 주성분이라 몸의 신진대사를 조절하고 지방 운반을 도와요.

감자검은콩밥 | 완료기 |

준비할 재료는요 | 밥 60g(4큰술), 감자 20g(2큰술), 검은콩 15g(15알), 당근 10g(1큰술), 물 60ml

이렇게 만들어요

1 감자와 당근은 7mm 크기로 썰고 검은콩은 불려서 삶아 껍질을 벗긴 뒤 굵게 갈아 준비합니다.
2 냄비에 감자와 당근, 물을 넣고 센 불에서 끓여주세요.
3 한소끔 끓어오르면 불을 약하게 줄이고 밥과 검은콩을 넣어 밥알이 퍼질 때까지 뜸을 들입니다.

콩을 불릴때는 먼저 물로 씻어 떠오르는 잡티를 없앤후 3~4배 분량의 물을 붓고 5시간~하룻밤정도 담가두세요!

참치연두부죽 | 완료기 |

준비할 재료는요 | 밥 60g(4큰술), 참치 15g(1.5큰술), 연두부 2큰술, 감자 10g(1큰술), 애호박 10g(1큰술), 물 60ml, 통깨 약간

이렇게 만들어요

1 참치는 5mm 크기로 썰어두고, 연두부는 찬물에 담가 염분을 뺀 뒤 굵게 썰어 준비합니다.
2 감자와 애호박은 7mm 크기로 썰어주세요.
3 냄비에 참치와 감자, 애호박, 물을 넣고 센 불에서 끓여주세요.
4 한소끔 끓어오르면 불을 약하게 줄이고 밥과 연두부를 넣어 밥알이 퍼질 때까지 뜸을 들인 뒤 통깨를 뿌려 냅니다.

TIP

횟감이나 덮밥용 참치는 될 수 있으면 지방이 적은 부분으로 구입합니다.

PART 7

아이의 **몸 상태**에 맞춰 이유식을 먹이세요

약보다 똑똑한 **아픈** 아이 이유식

아이의 건강한 성장을 위해서는 바른 영양이 무엇보다 중요합니다. 평상시 영양과 아플 때의 영양은 같을 수 없고, 또 아이가 아플 때도 그때그때 필요한 영양들이 다를 것입니다. 아이들이 아프고 나면 입맛을 잃어 잘 먹지 않으려 하고, 아프다 하면 진행하던 이유식도 중단하는 경우를 흔히 보게 되는데 아이가 아프면 더 세심하게 이유식을 준비해야 합니다. 아이들은 아플 경우 발열, 구토, 설사 같은 소모성 증상이 동반되는 경우가 많아 적극적인 관리가 필요합니다. 또한 아이가 이유식을 잘 먹지 않거나 너무 많이 먹을 경우, 아토피 피부염과 같은 알레르기 질환이 있을 경우에도 음식을 잘 조절해서 먹여야 합니다. 아이의 몸 상태에 맞는 돌보기 요령과 이유식에 대해 소개합니다.

아토피가 있어요

✚ 연령에 따라 아토피성 피부염이 나타나는 부위가 달라요

아토피성 피부염의 가장 큰 특징은 참기 힘든 가려움이 만성적으로 계속된다는 점입니다. 가려움을 참지 못해 생채기가 나고 진물이 흐르도록 긁어서 2차 감염이 일어나는 일도 많아요. 이런 증상이 6개월 이상 지속되면 아토피성 피부염이라는 진단을 내리게 됩니다. 보통 3개월에서 두살 사이에는 뺨이나 이마, 머리가 붉어지고 진물이 많이 나며 기름진 염증이 나타납니다. 세 살부터 사춘기 사이에는 얼굴보다는 팔, 다리, 손목, 발목처럼 살이 접히는 부위에 염증이 생기기 쉬워요.

✚ 피부 트러블이 있다고 모두 아토피는 아니에요

아토피란 알레르기성 질환으로서 단지 눈에 보이는 피부 소견으로 진단되는 것이 아닙니다. 신생아들은 어른에 비해 체지방이 적어 정상적 피부라 해도 아토피와 유사하게 보이거나, 습진이 잘 생깁니다. 아토피는 치료보다 관리가 중요하며, 어떠한 치료라 해도 만약 단시간 내에 탁월한 치료 효과를 보인다면 그 치료제의 성분은 스테로이드이거나 항진균제, 또는 항생제라고 봐야 합니다. 그러한 치료 효과는 단기적인 것으로서 다시 증상을 보이거나, 더 나아가 후유증의 우려까지 있으므로 주의하세요.

✚ 이유식을 미루지 마세요

아토피가 있을 경우 흔히 이유식을 미루거나, 제한적으로 하는 경우가 많아요. 특히 분유를 먹이면서 이유식을 미루는 것은 아토피의 원인에 대한 오해 때문입니다. 아토피의 가장 큰 원인은 분유와 같은 유제품으로서 전체 아토피의 60~70% 정도가 유제품에 의한 것입니다. 아이들의 뇌세포는 생후 10개월이면 90% 이상 발달하고, 만 두 돌까지 엄청난 성장 발달을 보이기 때문에 이 시기의 영양은 매우 중요합니다. 따라서 아토피 때문에 성장에 필요한 영양 공급을 제한해서는 안 됩니다.

✚ 보습에 최선을 다하세요

아토피성 피부염이 있는 아이는 피부가 건조해서 자꾸 긁게 됩니다. 결국 피부가 상해 더 가려워지는 악순환이 되풀이됩니다. 가장 손쉬운 방법은 보습제를 자주 발라주는 것입니다. 보습제는 무색, 무취, 무알코올 성분의 오일이나 바셀린, 아토피용 로션 등을 사용하는 것이 좋아요. 단, 오일은 보습 효과가 떨어지기 때문에 자주 덧발라주어야 하고, 바셀린은 보습 효과는 뛰어나지만 두껍게 바르면 피부 호흡에 지장을 줄 수 있어요. 이 둘의 단점을 보완한 것이 아토피용 로션입니다.

✚ 목욕을 자주 하면 좋지 않아요

아토피성 피부염이 있는 아이는 목욕을 자주 하면 좋지 않습니다. 뜨거운 물을 사용하거나 때를 밀어서도 안 돼요. 아이의 피부에는 피부를 손상시켜 가려움증을 유발하는 진드기 균이 상주하기 쉬우므로 아토피용 비누로 깨끗이 씻어주세요. 목욕이 끝나면 오일을 물에 타서 마무리해주고 아토피용 로션을 발라주세요.

현미양배추미음 | 초기 |

준비할 재료는요 | 불린 쌀 7g(1.5작은술), 불린 현미 3g(1/2작은술), 양배추 10g(1큰술), 물 120ml

이렇게 만들어요

1 쌀과 현미는 깨끗이 씻어 30분 정도 찬물에 불린 뒤 믹서기나 절구로 곱게 갈아 준비합니다.
2 양배추는 곱게 다져주세요.
3 냄비에 간 쌀과 현미, 물을 넣고 센 불에서 끓이다가 다진 양배추를 넣어 약한 불로 줄이고 주걱으로 저어가며 밥알이 부드럽게 퍼질 때까지 끓입니다.

아토피가 있다고
분유만 먹이고
이유식을 미루면 안 돼요!
아토피의 가장 큰 원인은
분유와 같은
유제품입니다.

비트타락죽 | 초기 |

준비할 재료는요 | 불린 쌀 10g(2작은술), 비트 10g(1큰술), 분유 탄 물 또는 모유 120ml

이렇게 만들어요

1 쌀은 깨끗이 씻어 찬물에 불린 뒤 믹서기나 절구로 곱게 갈아 준비합니다.
2 비트는 껍질을 벗기고 믹서에 곱게 갈아주세요.
3 냄비에 간 쌀과 분유 탄 물 또는 모유를 넣고 센 불에서 끓입니다.
4 한소끔 끓어오르면 간 비트를 넣고 약한 불로 줄여 주걱으로 저어가며 밥알이 부드럽게 퍼질 때까지 끓입니다.

고구마현미죽 | 중기 |

준비할 재료는요 | 불린 쌀 10g(2작은술), 불린 현미 5g(1작은술), 고구마 20g(2큰술), 브로콜리 10g(1⅓큰술), 물 90ml

이렇게 만들어요

1 쌀과 현미는 깨끗이 씻어 30분 정도 찬물에 불린 뒤 믹서기나 절구로 거칠게(굵게) 갈아 준비합니다.
2 고구마는 3mm 크기로 다지고, 브로콜리는 끓는 물에 살짝 데쳐 찬물에 헹군 뒤 꽃잎 부분만 잘게 다집니다.
3 냄비에 쌀과 물을 붓고 센 불에서 끓이다가 고구마와 브로콜리를 넣고 불을 약하게 줄여 주걱으로 저어가며 쌀알이 부드럽게 퍼질 때까지 끓입니다.

1

2

감기에 걸렸어요

✚ 영양가 높고, 소화가 잘 되는 이유식을 주세요

감기에 걸린 아이에게는 충분한 수분과 함께 영양가가 많고 소화가 잘 되는 이유식을 줘야 합니다. 두부, 생선, 육류, 달걀, 유제품 등은 단백질이 풍부해서 적은 양으로도 충분한 영양을 줄 수 있어요. 여기에 비타민 C와 카로틴이 풍부한 녹황색 채소를 섞어 주면 코와 목의 점막을 튼튼하게 해줘 감기를 물리치는 데 도움이 됩니다. 제철 과일이나 녹황색 채소로 즙을 내어 준다면 수분 보충에도 좋아요.

✚ 감기로 열이 날 때는 이렇게 해주세요

아이가 열이 심하게 날 때는 30℃ 정도 되는 미지근한 물로 온몸을 가볍게 문질러가며 닦아주세요. 열이 잘 떨어지지 않고 아이가 힘들어하면 4~6시간 간격으로 해열제를 먹여도 되나 좌약을 쓰는 것은 좋지 않습니다. 또한 열이 39℃를 넘어가면 함부로 해열제를 쓰지 말고 소아과 전문의의 진료를 받도록 하세요.

✚ 충분한 휴식과 영양이 중요해요

감기는 바이러스로 인해 코와 목에 염증이 생기는 호흡기 질환으로 추운 겨울보다는 봄, 가을에 많이 발생합니다. 콧물이나 코 막힘, 기침, 가래 같은 증상은 그 과정에서 일어나는 자연스러운 면역 반응이라고 할 수 있어요. 감기 치료에는 왕도가 없습니다. 감기에 동반되는 기침이나 콧물, 복통, 구토, 설사 같은 증상으로 아이가 힘들어하면 그 증상을 치료하는 것이지 감기 자체를 치료하는 것은 아닙니다. 감기 같은 바이러스성 질환은 시간이 지나면 자연 치유되므로 편히 쉬면서 수분과 영양을 충분히 공급해주는 것이 최선입니다.

✚ 감기 예방에 힘써 주세요

감기가 유행하면 아이를 사람들이 많이 모이는 장소에 데리고 나가지 않는 것이 좋아요. 외출에서 돌아오면 부모와 아이 모두 손발을 깨끗이 씻고 양치를 해야 하고요. 면역력이 약한 아이들은 독감이 심해지면 목숨을 잃을 수도 있으므로 생후 6개월 이후에는 예방주사를 접종하는 것이 좋습니다. 아이가 어린 경우에는 외출할 일이 많은 부모가 맞아두도록 하세요. 어른은 인플루엔자에 노출되어도 아무런 증상 없이 지나갈 수 있지만 아이에게 인플루엔자를 옮겨줄 가능성이 있기 때문입니다.

✚ 따뜻하고 부드럽게 조리해주세요

모든 음식은 따뜻하고 부드럽게 조리해 주는 것이 좋습니다. 식욕을 돋우는 색다른 음식을 만들어 주는 것도 좋고요. 그러나 찬 음식은 피하도록 하세요. 찬 음식을 먹이면 소화가 잘 되지 않고 체온이 떨어져 감기 회복이 더뎌집니다. 열이 나는 감기는 장에도 영향을 미치기 때문에 찬 음식을 먹이면 설사를 할 수도 있어요.

사과미음 | 초기 |

준비할 재료는요 | 불린 쌀 10g(2작은술), 사과 10g(1큰술), 물 120ml

이렇게 만들어요

1 쌀은 깨끗이 씻어 30분 정도 찬물에 불려 믹서기나 절구로 곱게 갈아 준비합니다.
2 사과는 강판이나 믹서에 곱게 갈아요.
3 냄비에 간 쌀과 물을 넣고 센 불에서 끓이다가 끓어오르면 간 사과를 넣어 약한 불에서 주걱으로 저어가며 밥알이 부드럽게 퍼질 때까지 끓입니다.

배중탕 | 초기 |

준비할 재료는요 | 배 1개, 대추 2개

이렇게 만들어요

1 배는 깨끗이 씻어 꼭지 부분을 잘라 뚜껑을 만들고 씨 부분을 숟가락으로 파냅니다.
2 대추는 깨끗이 씻어 씨를 파낸 배 속에 넣어요.
3 배를 오목한 그릇에 담고 물이 담긴 냄비에 넣어 푹 무를 때까지 중탕으로 쪄 냅니다.

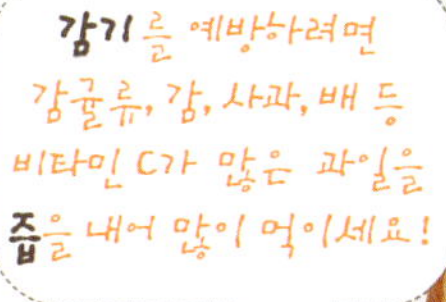

녹두잣죽 | 중기 |

준비할 재료는요 | 불린 쌀 10g(2작은술), 녹두 5g(1작은술), 잣 1작은술, 물 90ml

이렇게 만들어요

1 녹두는 하루 전에 불려 껍질을 모두 제거해서 불린 쌀과 함께 믹서기나 절구로 거칠게(굵게) 갈아 준비합니다.
2 잣은 키친 타월을 깔고 잘게 다져주세요.
3 냄비에 쌀과 녹두, 물을 넣고 센 불에서 끓이다가 한소끔 끓어오르면 약한 불로 줄이고 다진 호두를 넣어 주걱으로 저어가며 쌀알이 부드럽게 퍼질 때까지 끓입니다.

잣은 뾰족한 부분의 고깔을 떼내고 키친 타월 위에서 다지세요.

설사를 해요

✚ 급성 장염은 저절로 나아집니다

아이들에게 보이는 설사의 거의 대부분은 바이러스에 의한 급성 장염으로서 길어야 일주일 정도면 자연적으로 호전됩니다. 이를 너무 강압적으로 치료하려 하면 오히려 장운동을 방해하게 되고, 또 항생제를 사용할 경우 장내의 정상적인 세균층들이 손상 받아 이차적인 유당불내증이나 만성적 설사를 초래할 우려가 있습니다. 특히 생후 6개월이 넘은 아이들은 이미 이유식을 시작한 후이기에 쌀미음이나 죽 형식으로 주면 되므로 굳이 설사 분유를 먹이지 않아도 됩니다.

✚ 청결과 체온 유지에 신경 써주세요

아이가 설사를 자주 하다보면 엉덩이가 짓물러서 고생을 하는 경우가 많으므로 엉덩이가 짓무르지 않도록 기저귀를 자주 갈아주세요. 기저귀를 갈 때마다 더운물에 적신 가제수건을 꼭 짜서 닦아주거나 대야에 더운물을 받아서 씻어주면 좋아요. 이때 마른 수건이나 드라이어로 엉덩이를 보송보송하게 말려주는 것이 중요합니다. 장염에 걸려 설사를 할 때는 손을 깨끗이 씻기고 옷도 자주 갈아 입혀 청결과 체온 유지에 신경 써야 합니다.

✚ 수유량을 조절하세요

모유를 먹는 아이가 설사를 심하게 할 경우에는 수유량을 줄였다가 서서히 늘려가도록 하세요. 모유는 아이 몸에 적합한 음식이라 설사를 할 때 먹여도 장에 큰 부담이 가지 않습니다. 분유를 먹는 아이도 마찬가지입니다. 다만 설사가 오래 지속되면 소아과 전문의와 상의해서 설사 분유를 먹이는 것을 고려해볼 수는 있습니다. 하지만 대부분의 경우 설사 분유가 도움이 되지 않을 뿐 아니라 오히려 수유 습관을 망칠 우려가 있습니다. 왜냐하면 아이가 설사를 한다고 식습관을 송두리째 바꿔놓았다가는 예전의 식습관으로 돌아가기가 쉽기 않기 때문입니다.

✚ 탈수증 예방을 위해 보리차나 과일즙을 자주 먹이세요

아이들은 설사를 하면 탈수증을 일으키기 쉽습니다. 탈수증 예방을 위해 끓여서 식힌 보리차나 과일즙 등을 자주 먹이는 것이 좋아요. 설사가 심하지 않을 때는 음식을 가릴 필요가 없어요. 모유나 분유, 생우유, 이유식 등 평소 먹이던 대로 먹이면 됩니다. 하지만 기름기가 많은 음식이나 찬 음식, 당분이 많은 주스, 음료수, 오렌지, 귤 등은 설사를 심하게 만들 수도 있으므로 피해주세요.

✚ 변을 단단하게 만드는 식품을 먹이세요

설사가 심할 때는 수분 보충에 힘쓰다가 아이의 상태가 나아지면 쌀로 만든 흰죽을 먹여주세요. 그 후에는 차츰 변을 단단하게 만들어주는 밤이나 바나나로 이유식을 만들어 먹이도록 하세요. 설사가 멈춘 후에는 자극이 적은 두부나 흰살 생선, 섬유질이 적은 채소 등을 부드럽게 끓여서 조금씩 주는 것도 좋아요. 섬유질이 적은 채소로는 무, 오이, 호박, 토마토, 양배추, 비타민, 시금치, 양파 등이 있습니다. 이때 토마토는 껍질을 벗겨서 사용하도록 하세요.

바나나미음 | 초기 |

준비할 재료는요 | 불린 쌀 10g(2작은술), 바나나 10g(1큰술), 물 120ml

이렇게 만들어요

1 쌀은 깨끗이 씻어 찬물에 불린 뒤 믹서기나 절구로 곱게 갈아주세요.
2 바나나는 포크로 곱게 으깨어줍니다.
3 냄비에 간 쌀과 물을 넣고 센 불에서 끓이다가 으깬 바나나를 넣어 약한 불로 줄이고 주걱으로 저어가며 밥알이 부드럽게 퍼질 때까지 끓입니다.

사과당근미음 | 초기 |

준비할 재료는요 | 불린 쌀 10g(2작은술), 당근 10g(1큰술), 사과 10g(1큰술), 물 120ml

이렇게 만들어요

1 쌀은 깨끗이 씻어 30분 정도 찬물에 불린 뒤 믹서기나 절구로 곱게 갈아주세요.
2 당근과 사과는 강판이나 믹서로 곱게 갈아줍니다.
3 냄비에 간 쌀과 물을 넣고 센 불에서 끓이다가 약한 불로 줄이고 갈아둔 당근과 사과를 넣어 주걱으로 저어가며 밥알이 부드럽게 퍼질 때까지 끓입니다.

아기가 **설사**를 하면 탈수증을 일으키기 쉬우니 끓여서 식힌 **보리차**나 과일즙을 자주 먹이세요.

쇠고기밤죽 | 중기 |

준비할 재료는요 | 불린 쌀 15g(1큰술), 쇠고기 15g(1.5큰술), 밤 1개, 당근 10g(1큰술), 물 90ml

이렇게 만들어요

1 쌀은 깨끗이 씻어 찬물에 30분 정도 불려 거칠게(굵게) 갈아 준비합니다.
2 쇠고기는 푹 삶아서 건져내어 잘게 다집니다.
3 밤과 당근은 3mm 크기로 다져주세요.
4 냄비에 쌀과 물을 붓고 센 불에서 끓이다가 약한 불로 줄이고 쇠고기와 밤, 당근을 넣어 주걱으로 저어가며 쌀알이 부드럽게 퍼질 때까지 끓입니다.

2

4

변비에 걸렸어요

✚ 식습관 전반에 대한 점검이 필요해요

흔히 변비라고 하면 배변 횟수가 적고 변이 딱딱해서 볼일을 보기 힘든 상태를 말합니다. 그러나 아이들의 경우에는 2~3일에 한 번꼴로 변을 보더라도 불편해 하지 않으면 걱정할 필요가 없어요. 반대로 하루에 한 번씩 변을 보더라도 시간이 오래 걸리고 힘들어하면 변비라 할 수 있습니다. 특히 이유식을 처음 시작하면 새로운 음식에 적응하느라 변이 묽어졌다 되어졌다 하지요. 변이란 먹는 것과 밀접한 연관이 있으므로 변비에 걸렸을 때는 변만을 보고 이에 대한 처방을 고려할 것이 아니라 식습관 전반에 대한 점검이 필요합니다.

✚ 개월 수에 맞는 이유식 양과 횟수를 지켜주세요

아이가 변비로 고생하고 있다면 이유식 양이나 횟수를 제때 늘려줬는지부터 살펴봐야 해요. 생후 4~5개월에는 미음을 하루에 한 번 찻숟가락으로 열 숟가락 정도 먹이면 되지만, 6~8개월이 되면 죽을 하루에 두 번 아이 밥그릇으로 반 공기를 먹여야 합니다. 9~10개월이면 죽을 하루에 세 번 아이 밥그릇으로 한 공기 정도 먹이고, 11~12개월이면 진밥을 하루에 아이 밥그릇으로 한 공기 정도 먹입니다. 이렇게 이유식 양과 횟수를 제때 늘려주지 않으면 변비가 생기기 쉬워요.

✚ 분유나 생우유를 많이 먹어도 변비가 생겨요

돌이 지난 아이가 분유나 생우유를 많이 먹는 것도 변비의 원인이 됩니다. 분유나 생우유는 변이 될 만한 고형분이 부족한 식품인데다 분유나 생우유로 배를 채우고 나면 다른 음식을 먹지 않아 변비가 생기기 쉽습니다. 또한 쌀밥만 열심히 먹이는 것도 좋지 않습니다. 밥을 잘 먹으면 변비가 생기지 않는다고 하지만 쌀밥 자체는 변비를 유발하는 음식이에요. 밥을 먹일 때는 여러 가지 반찬을 함께 먹여야 변비를 예방할 수 있습니다.

✚ 수분과 섬유소가 풍부한 식품을 주세요

섬유소를 많이 먹으면 장의 연동 운동이 활발해지고 변의 양이 늘어나 변비 해소에 도움이 됩니다. 사과, 배, 귤, 복숭아, 살구, 건포도, 콩, 시금치, 브로콜리, 양배추, 고구마, 호박, 해조류, 곡식을 통째로 갈아 만든 시리얼이나 빵은 대표적으로 섬유소가 풍부한 식품입니다. 과일이 변비에 효과가 있다 해도 너무 많이 먹이면 복통과 설사를 일으키게 되므로 주의해야 합니다. 김치 역시 섬유소와 유산균이 많아 변비에 좋습니다. 단, 고춧가루나 젓갈을 쓰지 않고 소금의 양을 반 정도로 줄인 백김치를 담가 먹이도록 하세요.

✚ 변비 유발 식품을 피하세요

우유, 요구르트, 치즈, 아이스크림, 감, 바나나, 익힌 사과, 삶은 당근 등은 변을 단단하게 만드는 식품이므로 피하는 것이 좋아요. 사과나 당근은 식이성 섬유소인 펙틴이 많아 날로 먹으면 변의 양이 늘어나고 배변에도 도움이 되지만 가열하면 펙틴이 단단하게 굳어져 오히려 변비를 악화시킵니다.

✚ 규칙적인 식사와 적당한 운동이 좋아요

아이가 9~10개월에 접어들면 식구들과 함께 정해진 시간에 식사를 하는 습관을 들이세요. 규칙적인 식사와 운동을 하면 변비가 좋아집니다.

자두미음 | 초기 |

준비할 재료는요 | 불린 쌀 10g(2작은술), 자두 1/2개, 물 120ml

이렇게 만들어요

1 쌀은 깨끗이 씻어 찬물에 불린 뒤 믹서기나 절구로 곱게 갈아 준비합니다.

2 자두는 껍질을 벗기고 과육만 발라내어 믹서기에 갈아주세요.

3 냄비에 간 쌀과 물을 넣고 센 불에서 끓이다가 한소끔 끓어오르면 자두를 넣고 약한 불로 줄여 주걱으로 저어가며 밥알이 부드럽게 퍼질 때까지 끓입니다.

사과양배추미음 | 초기 |

준비할 재료는요 | 불린 쌀 10g(2작은술), 양배추 10g(1큰술), 사과 10g(1큰술), 물 120ml

이렇게 만들어요

1 쌀은 깨끗이 씻어 찬물에 30분 정도 불린 뒤 믹서기나 절구로 곱게 갈아 준비합니다.

2 양배추는 부드러운 잎 부분만 곱게 다지고 사과는 강판이나 믹서로 곱게 갈아주세요.

3 냄비에 간 쌀과 물을 넣고 센 불에서 끓이다가 양배추와 사과를 넣어 약한 불로 줄이고 주걱으로 저어가며 쌀알이 퍼질 때까지 끓입니다.

변비인 아기에게는 고춧가루, 젓갈을 쓰지 않고 소금의 양을 반정도로 줄여 담근 **백김치**를 먹이세요.

프룬채소죽 | 중기 |

준비할 재료는요 | 불린 쌀 15g(1큰술), 프룬 1개, 양배추 10g(1큰술), 시금치 5g(1/2큰술), 물 90ml

이렇게 만들어요

1 쌀은 깨끗이 씻어 찬물에 30분 정도 불린 뒤 믹서기나 절구로 약간 거칠게(굵게) 갈아 준비합니다.

2 프룬은 물에 불려 부드러워지면 잘게 다지고 시금치는 살짝 데친 뒤 양배추와 함께 3mm 크기로 다져둡니다.

3 냄비에 쌀과 물을 붓고 센 불에서 끓이다가 다진 프룬, 양배추, 시금치를 넣고 약한 불로 줄여 주걱으로 저어가며 쌀알이 퍼질 때까지 끓입니다.

말린 프룬은 마트와 약국에서도 쉽게 구입할 수 있답니다.

토해요

✚ 개월 수에 따라 토하는 원인이 달라요

아이들은 아직 식도와 위를 연결하는 근육들이 제대로 발달하지 못해 아프지 않아도 곧잘 토하곤 합니다. 몸이 아플 때는 더욱 토하기 쉬워요. 신생아가 병적으로 토할 때는 위-식도 역류증이나 선천성 유문 협착증을 의심해볼 수 있습니다.

3개월이 넘은 아이가 갑자기 토하면서 보챈다면 장중첩증일 가능성이 큽니다. 장중첩증은 장의 일부가 장 속으로 말려 들어가 장폐색을 일으키는 질병입니다. 아이가 심하게 보채면서 구토, 복통, 고열, 혈변 등을 보이면 곧바로 병원에 데려가야 합니다.

✚ 기도가 막히지 않도록 해주세요

아이가 심하게 토할 때는 기도가 막히지 않도록 해주는 것이 중요합니다. 특히 누워서 토할 때는 고개를 옆으로 돌려서 토사물이 잘 흘러나올 수 있도록 해주세요. 아이가 스트레스를 받으면 구토가 더 심해질 수 있으므로 마음을 편하게 해주는 것이 좋아요.

✚ 탈수증을 조심하세요

토하고 난 뒤에는 1~2시간 정도 위를 비워두는 것이 좋습니다. 먹고 토하기를 거듭하다보면 탈수증이 일어날 수도 있고, 탈진하기도 쉬워요. 아이가 어느 정도 진정이 되고 더 이상 토하지 않을 것 같으면 보리차를 한 모금 줘보세요. 보리차를 먹여도 별 이상이 없으면 묽은 과일즙이나 맑은 채소 수프 등을 조금씩 먹여도 됩니다. 그런데 아이가 8시간이 넘도록 소변을 보지 않거나 입술이 마르고 축 늘어져서 기운을 차리지 못하면 탈수증이 확실합니다. 이때는 지체하지 말고 병원으로 데려가세요.

✚ 구토가 멈추면 탄수화물 식품을 주세요

구토가 진정되고 식욕이 되살아나면 담백한 맛이 나는 쌀이나 감자 같은 탄수화물 식품으로 이유식을 만들어 먹이세요. 지방이나 단백질 식품은 소화가 잘 안 되기 때문에 피하는 것이 좋아요. 이유식은 따뜻하게 데워서 조금씩 먹여야 해요. 구토가 진정되었다고 갑자기 많은 양을 먹이면 소화불량이 되기 쉽습니다. 하루 이틀 정도는 아이의 상태를 지켜보면서 서서히 양을 늘려가도록 하세요. 아이의 컨디션이 완전히 회복되기 전까지는 우유나 요구르트, 치즈 같은 유제품을 줄이고 사과나 바나나 외에는 과일도 피해야 합니다.

✚ 이유식을 중단하고 보리차를 먹이세요

아이가 심하게 토할 때는 잠시 이유식을 중단하고 차게 식힌 보리차를 자주 먹여주세요. 보리차 대신 무, 오이, 호박, 토마토, 양배추, 시금치, 당근 같은 채소로 즙을 내거나 맑은 수프를 끓여 국물만 걸러 먹이면 구토로 잃은 비타민이나 무기질 등을 보충할 수 있습니다.

채소수프 | 중기 |

준비할 재료는요 | 토마토 20g(2큰술), 양배추 10g(1큰술), 당근 10g(1큰술), 시금치 10g(1큰술), 물 120ml

이렇게 만들어요

1 토마토는 열십자로 칼집을 내어 끓는 물에 살짝 데쳐 껍질을 벗긴 뒤 잘게 다져둡니다.
2 양배추와 당근은 아주 잘게 다지고 시금치는 살짝 데친 뒤 잘게 다져 준비합니다.
3 냄비에 다진 토마토와 양배추, 당근, 시금치를 넣고 물을 부어 채소들이 푹 익을 때까지 끓입니다.

증세가 심한 아기에게는 수프를 면보나 체에 걸러 맑은 국물만 떠서 먹입니다.

채소죽 | 후기 |

준비할 재료는요 | 불린 쌀 15g(1큰술), 당근 10g(1큰술), 애호박 10g(1큰술), 양파 10g(1큰술), 물 90ml

이렇게 만들어요

1 쌀은 깨끗이 씻어 찬물에 불려 거칠게(굵게) 갈아 준비합니다.
2 당근, 애호박, 양파는 3mm 크기로 다져 양파는 찬물에 담가 매운맛을 우려냅니다.
3 냄비에 쌀과 물을 붓고 끓이다가 당근, 애호박, 양파를 넣고 불을 약하게 줄여 밥알이 푹 퍼지도록 끓입니다.

바나나채소죽 | 완료기 |

준비할 재료는요 | 진밥 40g(2$\frac{2}{3}$큰술), 바나나 1/3개, 애호박 10g(1큰술), 감자 10g(1큰술), 양배추 10g(1큰술), 물 75ml

이렇게 만들어요

1 애호박, 감자, 양배추는 5mm 크기로 썰어둡니다.
2 바나나는 포크로 곱게 으깨어 준비합니다.
3 냄비에 애호박, 감자, 양배추를 넣고 물을 부어 끓이다가 한소끔 끓어오르면 진밥과 바나나를 넣고 밥알이 충분히 퍼지도록 푹 끓입니다.

잘 **먹지** 않아요

✚ 잘못된 식습관부터 바로잡으세요

아이는 배가 부른데 엄마 욕심에 자꾸 더 먹이려 하다보면 먹는 것 자체를 꺼리는 아이로 자라기 쉽습니다. 이유식을 시작한 지 얼마 되지 않은 아이라면 기분이 좋을 때 원하는 만큼만 먹이도록 하세요. 아이가 아프거나 피곤하거나 졸릴 때 억지로 먹이면 점점 더 먹는 것을 싫어하게 됩니다. 돌이 가까워 오는 아이는 정해진 시간에 정해진 장소에서 식사를 하는 습관은 들이되 식사 시간은 30분 정도로 제한하는 것이 좋아요. 그래야 생활 리듬이 바로잡히면서 소화 기능도 좋아지고, 다음 식사 시간에 배가 고파져서 더 잘 먹게 됩니다.

✚ 달콤한 간식을 주지 마세요

아이가 이유식을 먹지 않는다고 달콤한 간식으로 배를 채우게 하지 마세요. 단 음식에는 짜증을 불러일으키는 성분이 들어 있어 아이를 신경질적으로 만들 뿐만 아니라 입맛도 더 떨어지게 합니다. 간식은 우유, 플레인 요구르트, 치즈, 과일 따위를 조금씩만 주는 것이 좋아요.

✚ 불필요한 신경전은 하지 마세요

밥상머리에서 아이와 신경전을 벌이는 것은 좋지 않습니다. 끼니때마다 이걸 먹어라, 저걸 먹어라, 더 먹어라 하고 간섭을 하면 아이는 점점 더 식욕을 잃을 수밖에 없습니다. 아이에게 자율권을 주고 원하는 만큼 먹게 한다면 오히려 음식에 대한 거부감이 줄어들 수 있습니다. 엄마가 할 수 있는 일을 다 한 후에는 아이 스스로 변하기를 기다릴 줄 아는 지혜가 필요합니다.

✚ 음식 재료와 조리법에 변화를 줘보세요

어른이든 아이든 날마다 비슷비슷한 음식만 먹으면 지겨워할 수밖에 없습니다. 아이가 먹는 것에 관심을 가질 수 있도록 재료와 조리법에 변화를 줘보세요. 똑같은 볶음밥이라도 색색의 재료를 넣어 귀여운 모양으로 만들어 주면 아이도 흥미를 느끼게 될 것입니다. 아이가 좋아할 만한 캐릭터가 그려진 그릇에 음식을 담아 주는 것 역시 식욕을 돋우는 방법입니다. 이런 과정을 통해 아이는 '식사는 즐거운 것'이라는 생각을 갖게 되어 식사를 잘 하게 됩니다.

✚ 요리를 함께 해보세요

엄마와 함께 음식을 만들고 상을 차리다보면 지겹기만 한 식사도 재미난 놀이로 느껴질 수 있으므로 아이 수준에 맞는 요리를 자주 해보는 것이 좋아요. 아이도 자신이 직접 만든 음식은 관심을 가지고 잘 먹게 됩니다.

사과쇠고기죽 | 중기 |

준비할 재료는요 | 불린 쌀 15g(1큰술), 쇠고기 10g(1큰술), 사과 10g(1큰술), 브로콜리 10g($1\frac{1}{3}$큰술), 물 90ml

이렇게 만들어요

1 쌀은 깨끗이 씻어 찬물에 30분 정도 불려 거칠게(굵게) 갈아 준비합니다.
2 쇠고기는 삶아서 잘게 다지고 브로콜리는 데쳐서 꽃잎 부분만 잘게 다집니다.
3 사과는 껍질을 벗겨 3mm 크기로 다져 준비합니다.
4 냄비에 쌀과 물을 부어 끓이다가 한소끔 끓어오르면 쇠고기와 사과, 브로콜리를 넣고 불을 약하게 줄여 쌀알이 푹 퍼지도록 끓입니다.

함께 요리를 해보세요. 아이가 자신이 직접 만든 음식에 관심을 가지고 잘 먹게 됩니다.

감자그라탱 | 후기 |

준비할 재료는요 | 감자 50g(1/2개), 닭 가슴살 20g(2큰술), 양파 10g(1큰술), 우유 2큰술, 유아용 치즈 1/2장, 포도씨유 1작은술, 파슬리 가루 약간

이렇게 만들어요

1 감자는 삶거나 쪄서 1cm 크기로 썰어두고 닭 가슴살은 잘게 다져서 우유를 약간만 넣고 재어둡니다. 양파는 5mm 크기로 준비하세요.
2 팬에 포도씨유를 두른 뒤 양파와 닭 가슴살을 볶아냅니다.
3 내열 용기에 감자와 볶은 양파와 닭 가슴살을 버무려 넣고 우유를 부은 뒤 유아용 치즈를 잘게 다져 뿌리고 파슬리 가루를 약간 뿌려줍니다.
4 오븐이나 전자레인지에 치즈가 녹을 정도로 구워냅니다.

채소팬케이크 | 완료기 |

준비할 재료는요 | 쌀가루 1큰술, 밀가루 1큰술, 달걀노른자 1/2개, 우유 3큰술, 당근 10g(1큰술), 시금치 5g(1/2큰술), 포도씨유 약간
사과소스(사과 10g(1큰술), 물 2큰술)

이렇게 만들어요

1 시금치는 살짝 데친 뒤 당근과 함께 잘게 다져둡니다.
2 쌀가루와 밀가루에 달걀노른자와 우유를 섞어 팬케이크 반죽을 만든 뒤 다진 채소들을 넣고 잘 섞어둡니다.
3 달군 팬에 포도씨유를 두르고 키친 타월로 한 번 닦아낸 뒤 불을 줄이고 반죽을 동그랗게 떠넣어요. 윗면에 구멍이 생기면 뒤집어서 익힙니다.
4 사과와 분량의 물을 넣고 믹서기에 갈아 살짝 끓여 사과소스를 만든 뒤 팬케이크에 뿌려 냅니다.

2

3

BORN TO
MAKE YOU
HAPPY
23 MAR.
12 FEB.
3 JAN.
crayola

PART 8

바른 식습관을 길러주는 **성장식**을 챙기세요

유아식

생후 12~36개월

아이가 이유식을 끝내고 밥을 먹을 시기가 되면 엄마들은 한시름 놓는 것과 동시에 새로운 고민에 휩싸입니다. 돌만 지나면 어른처럼 이것저것 먹을 수 있으려니 했는데 사실은 그렇지 않기 때문이지요. 반찬은 어떤 것이 적당한지, 꼭 필요한 영양소는 제대로 먹이고 있는지 등 신경 써야 할 것이 한두 가지가 아닙니다. 그래서 이유식과 마찬가지로 유아식도 원칙에 따라 제대로 진행해야 합니다. 정확한 정보를 바탕으로 유아식에 대한 가치관을 바로 세우고, 그에 맞게 내 아이가 매일 먹는 음식들을 직접 관리하는 것이지요.
내 아이의 상태를 정확하게 파악하고 몇 가지 기본적인 원칙만 지켜 유아식을 만든다면 아이를 건강하고 똑똑하게 키울 수 있습니다.

이 시기의 아이들은

★ **컵을 가지고 마시기**(16개월~17개월 말)
컵에 담긴 음료수를 다른 사람의 도움 없이 반 이상 쏟지 않고 마실 수 있습니다.

★ **집안일 돕기**(16개월~17개월 말)
장난감을 치운다거나 쓰레기를 버리는 등 간단한 집안일을 도울 수 있습니다.

★ **낙서하기**(15개월 중반~17개월)
아이에게 종이와 연필을 준 다음 어떻게 하는지를 보여주지 않아도 연필을 잡고 낙서를 합니다.

★ **건포도를 병에서 쏟아버리기**(16개월 중반~21개월)
건포도를 병에 담아 쏟는 모습을 2~3차례 보여주면 쏟으라는 말을 하지 않아도 아이 혼자 병에서 건포도를 쏟을 수 있습니다.

★ **구사량의 변화**(17개월 말~20개월)
발음은 정확치 않지만 단어 구사량이 늘어납니다.

★ **뛰기**(17개월 말~20개월)
아이가 뛸 수 있습니다.

★ **스푼과 포크 사용하기**(18개월~21개월)
스푼과 포크를 사용해서 음식을 먹을 수 있습니다.

★ **옷 입기**(27개월~32개월)
혼자서 속옷이나 재킷을 입고 양말이나 신발을 신을 수 있습니다.

★ **손 씻고 말리기**(28개월~36개월)
혼자서 손을 씻고 수건에 닦을 수 있습니다.

★ **몸의 부위 중 6군데 이상 집어내기**(24개월~30개월)
인형을 놓고 눈, 코, 입, 귀, 발, 손, 배, 머리 등을 6군데 이상 짚을 수 있습니다.

유아식 원칙

✚ 내 아이의 상태에 맞는 유아식을 챙기세요

아이는 생후 1년이 지나면 그전보다 성장률이 떨어지고 성장 속도 역시 불규칙한 특징을 보입니다. 육체적 성장과 정신적 발달이 계속되긴 하지만 몇 달 동안 성장이 주춤하기도 하고, 때로는 질병으로 인해 체중이 오히려 감소하기도 합니다. 이렇듯 아이들마다 성장 속도나 활동량이 달라 그에 따른 영양소 요구량과 식품 섭취량에 차이가 있으므로 아이의 상태에 맞춰 유아식을 먹여야 합니다. 또한 아이는 작은 어른이 아닙니다. 이유식을 끝내고 밥과 반찬 위주로 식사를 할 수 있게 되었다는 것이 곧 어른처럼 먹어도 된다는 것을 의미하지는 않습니다. 따라서 어른의 음식이 아닌 아이에게 맞는 유아식을 먹여야 합니다.

✚ 유기농 식품에 연연하지 마세요

수은에 중독된 생선, 조류 독감에 걸린 닭고기 등 뉴스에서 보도되는 먹을거리에 대한 이야기를 들으면 도대체 아이에게 어떤 음식을 줘야 할지 답답한 경우가 많습니다. 그래서 유기농 식품을 많이 찾게 됩니다. 2005년도 보고에 의하면 우리나라에서 생산된 농작물 중 4%만이 유기농 작물에 해당된다고 해요. 하지만 내가 농약을 쓰지 않는다 해도 옆의 논밭에서 친 농약으로부터 자유롭기 어렵기 때문에 사실상 100% 유기농 작물은 없다고 해도 과언이 아닙니다. 값비싼 유기농 식품을 찾는 대신 하루 한 번 값싼 제철 재료들로 그때그때 요리를 해주는 것이 아이에게 훨씬 안전합니다. 또한 과자와 사탕, 탄산음료, 각종 인스턴트 식품만 멀리해도 아이를 건강하게 키울 수 있습니다.

무엇을 먹일까?

✚ 밥을 먹지 않을 경우 영양과 식습관을 체크하세요

아이가 잘 먹지 않는다 해서 무조건 굶기면 결과도 좋지 않고, 엄마의 걱정만 늘어갈 뿐입니다. 아이의 성장에 중요한 것은 양이 아니라 질적인 영양원의 공급입니다. 아이가 일주일 동안 섭취한 칼로리는 어느 정도고, 그 내용 중 단백질, 탄수화물, 지방과 비타민, 미네랄 등 필수 영양소의 비중은 어떠했고, 그 질적 수준은 어떠했는지, 동물성과 식물성 식품의 비율은 어떠하고 간식의 비중은 어떤지 등을 알아야 합니다. 이를 기준으로 식단을 구성하고, 정해진 장소에서 정해진 시간에 먹인다는 원칙을 지키면 영양 불균형 없이 좋은 식습관을 들일 수 있습니다.

✚ 아이에게 먹을거리 교육을 시키세요

엄마가 아무리 유해한 먹을거리를 차단한다고 해도 아이를 완전히 보호할 수 없는 것이 현실입니다. 또한 지나친 강요와 금지는 아이들의 호기심만 자극할 뿐이지요. 원리 원칙만 강요하기보다는 바른 먹을거리에 대해 일상적으로 대화를 나누고 교육을 시켜보세요. 엄마가 먼저 공부를 하고 아이에게 알아듣기 쉽게 설명한 후, 실천 가능한 작은 원칙부터 세워보세요.

✚ 보약이나 영양제를 함부로 먹이지 마세요

병원의 진단과 처방 없이 함부로 약물을 복용하는 것은 신체의 각 기관이 미성숙한 성장기 아이에게는 부담이 될 수 있어요. 아이가 밥을 먹지 않는다거나 몸이 약하다면 보약이나 영양제를 찾기 전에 그 요인부터 찾아 제거해야 합니다. 아이의 식습관이나 영양 상태를 먼저 살펴야 하는 것이지요. 아이들의 경우 영양 부족이 아니라 영양 불균형이 문제이므로, 비싸고 좋은 것보다는 아이에게 필요한 것을 주기 위해 노력해야 합니다.

✚ 씹는 반찬을 준비하세요

요즘 아이들 중에는 충치나 덧니가 많고, 턱이 뾰족한 아이가 많습니다. 이는 턱과 치아가 약해졌기 때문인데 그만큼 아이들이 음식을 씹지 않는다는 것을 보여줍니다. 많이 씹을수록 턱뼈도 단단해지고 치아도 건강해져요. 재료를 다지기보다는 한 입 크기로 썰어 넣고, 간식도 빵이나 케이크 류보다는 감자나 고구마, 견과류 등을 주어 씹는 감촉을 느끼게 해주는 것이 좋아요.

✚ 아기용 김치를 담그세요

김치의 숙성 과정에서 발생하는 젓산균은 창자 속의 다른 균을 억제하여 이상 발효를 막고, 병원균을 억제하는 효과가 있어요. 특히 김치는 씹는 느낌이 처음과 중간, 마지막이 다르고, 맛과 향 또한 입 안에 넣을 때와 씹을 때, 삼킬 때, 삼키고 난 뒤가 달라 아이들에게 씹는 연습을 시키는 데 가장 이상적인 식품이라 할 수 있습니다. 하지만 배추의 숨을 죽이기 위해 쓰는 소금이나 다양한 양념들은 아직 어린아이에게 너무 자극적이므로 아이들을 위해 짠맛을 줄인 아기용 김치를 담가 주는 것이 좋습니다.

✚ 되도록 밀가루는 쓰지 마세요

우리나라에서 유통되는 밀가루의 99%가 수입산입니다. 수입을 할 때 시간이 오래 걸리기 때문에 방부제와 같은 첨가물이 들어가게 마련이지요. 국수 등 밀가루를 주 재료로 한 요리를 피하고, 가루가 필요한 요리를 할 때는 밀가루 대신 쌀가루나 녹말가루를 이용하도록 하세요.

✚ 식용유를 줄이세요

정제된 식용유에는 미네랄이 거의 없어요. 미네랄의 가장 중요한 기능 중 하나는 맛을 느끼는 미각 세포를 작동시키는 것인데 식용유로 음식을 만들 경우 미네랄 부족으로 미각 신경이 둔화됩니다. 그러면 아이들은 입맛보다는 본능에 따라 음식을 섭취하게 됩니다. 즉, 혈당을 높이기 위해 단것을 찾고, 비상시를 대비해 지방을 찾는 것이지요. 당연히 소아 당뇨나 소아 비만에 걸릴 확률도 높아집니다. 기름을 꼭 써야 하는 경우 참기름이나 들기름 등 천연 기름을 이용하도록 하세요.

✚ 마실 거리에 신경쓰세요

성장기 아이들은 신진대사가 활발하게 이루어지는 만큼 수분 수요량도 많아 양질의 수분을 공급해주어야 합니다. 양질의 수분 섭취를 위해 우유나 과일즙을 먹이는 것이 좋습니다. 과일즙을 만들 때는 믹서 대신 강판에 갈아야 영양소 파괴를 줄일 수 있고, 샐러드나 과일 화채 등을 만들어 먹이는 것도 수분 섭취에 좋아요.

어떻게 얼마나 먹일까?

✚ 궁합이 맞는 음식을 함께 먹이세요

□ **미역과 두부** 두부에는 사포닌이라는 영양소가 있는데, 사포닌을 너무 많이 섭취하면 갑상선을 만드는 요오드가 빠져나갑니다. 미역과 같은 해조류를 함께 먹으면 사포닌 섭취로 손실된 요오드를 메울 수 있습니다.

□ **연어와 우유** 연어에는 비타민 D가 풍부한데 비타민 D는 칼슘 흡수를 강화시켜요. 그래서 연어를 우유와 같은 칼슘이 풍부한 음식과 함께 먹으면 칼슘 흡수가 더 촉진됩니다.

□ **육류와 김치** 육류를 대량 섭취할 경우 혈액이 산성화하는 산 중독증에 걸릴 수 있는데 김치와 함께 먹으면 이를 예방할 수 있어요.

□ **멸치와 사과** 멸치는 칼슘이 풍부하지만 염분이 많은 것이 단점입니다. 그래서 나트륨 배출을 촉진하는 칼륨이 많이 들어 있는 음식과 함께 먹으면 좋은데 대표적인 음식이 사과입니다.

✚ 재료는 하루 분량으로 준비하세요

식재료는 그 날 사서 그 날 먹는 것이 가장 바람직합니다. 특히 각종 채소는 아무리 냉장고에 보관한다 해도 신선함을 그대로 유지하기가 어려워요. 채소는 끊임없이 호흡을 하는데 냉장고에 하루 이상 보관하면 채소가 호흡하는 과정에서 냉장고 안의 나쁜 공기를 빨아들여 신선도가 떨어지고, 자칫 세균이 증식될 수도 있어요. 냉동실에 보관하면 안전하다고 생각하지만 그렇지도 않습니다. 냉동실에 들어 있는 음식량에 따라 냉동된 식품들도 얼고 녹는 과정을 반복하기 때문에 맛이 떨어질 뿐 아니라 식품 자체가 변질될 수 있어요.

✚ 식사 전후 가벼운 운동을 하게 하세요

식사 전에 운동이나 움직임을 통해 신진대사를 활발하게 해주면 그만큼 식사량이 늘어납니다. 식사 후에 신진대사를 활발하게 해주면 그만큼 섭취한 영양소의 체내 흡수가 빨라집니다. 또 식사 전에는 아이가 하던 행동을 마무리하게 해주세요. 장난감이나 책을 치우고, 텔레비전도 끄고 식사에만 집중할 수 있도록 해주세요. 이때 아이가 떼를 쓰더라도 단호하게 대처해야 합니다.

✚ 억지로 먹이지 마세요

아이가 식사를 거부하면 엄마들은 밥그릇을 들고 따라다니며 어떻게든 한 숟가락이라도 먹이려 애쓰지만 이는 반발심만 생기게 할 뿐입니다. 아이가 식사를 거부하면 한두 끼 굶겨도 상관없습니다. 이렇게 이야기하면 영양이 부족해지지 않을까 걱정하는 엄마들이 많은데 아이들은 몸이 필요로 하는 에너지를 자율적으로 조절해가는 능력을 가지고 있으므로 크게 걱정하지 않아도 됩니다. 하지만 아이가 특정 음식 한두 가지를 거부할 때에는 싫어하는 음식과 좋아하는 음식을 섞어 주거나 싫어하는 재료가 보이지 않도록 조리해 주는 등 변화를 주는 것이 좋습니다.

✚ 아이가 섭취한 영양소의 양을 체크하세요

아이의 식사에서 중요한 것은 양보다 질입니다. 무엇을 얼마나 먹었느냐보다 필요한 영양을 제대로 섭취했는지가 먼저인 것이지요. 예를 들어 아이가 흰쌀밥과 고기로만 배를 채웠다면 단백질과 탄수화물 외에 섬유질이나 비타민, 무기질, 칼슘 등 다른 영양소는 섭취할 수 없습니다. 그래서 편식으로 배를 채우는 것보다는 적게 먹더라도 반찬을 골고루 먹는 것이 영양학적으로는 더 좋습니다. 아침과 점심에 섬유질이 부족한 식사를 했다면 저녁에는 섬유질을 보완할 수 있는 음식을 준비하는 식으로 식단을 짜도록 하세요.

유아식에 관한 궁금증 Q&A

Q 17개월된 아이가 우유를 너무 많이 먹어 걱정입니다. 우유를 안 주면 난리가 나는데다 우유에 더 집착할 것 같아서 어쩔 수 없이 주고 있어요. 하루에 거의 1000ml를 먹는데 괜찮을까요?

우유는 좋은 음료이긴 하지만 어디까지나 음료이고 간식인 것이지 밥을 대신할 영양원이 되기는 어렵습니다. 건강한 성장을 위해서는 바른 영양이 가장 기본적인 것이고, 바른 영양을 위해서는 바른 식습관이 필요합니다. 하루 먹는 우유 양은 500ml가 넘지 않게 하고, 아이가 계속 요구할 경우 안 되는 이유를 설명하고 단호한 태도를 보이는 것이 좋습니다.

Q 18개월 된 아이에게 영양제를 먹여볼까 하는데 어떤 것이 좋을까요?

아이들은 영양 부족보다 영양 불균형이 문제이기에 어떤 영양제가 아이에게 도움이 될 것이라고 이야기하기 힘듭니다. 그래도 특별한 기준 없이 아이들에게 도움이 되는 영양제를 말씀드릴게요. 종합 비타민은 젤리 형태로 된 것은 가급적 피해야 합니다. 초유가 들어 있는 영양제는 면역 글로블린 A와 락토페린 등이 풍부하여 빈혈을 막아주고, 장관면역을 도와 먹은 음식들의 영양소가 잘 흡수될 수 있게 합니다. 오메가-3는 아이들의 두뇌 발달에 도움을 줍니다. 비타민 C는 모든 영양소의 기본인데요, 영양제를 고를 때는 노란색의 사탕 형태가 아닌 흰색 분말로 된 것을 선택하도록 하세요. 정장제는 장운동을 도와주는 역할을 해서 설사와 변비가 잦은 아이들에게 좋습니다. 이 밖에 칼슘제나 다른 영양제들은 전문가와의 상담을 통해 아이의 영양 상태를 고려해서 먹여야 합니다.

Q 18개월에 젖병을 떼었는데 그 이후로 잔병치레를 많이 하면서 음식을 먹지 않으려고 해요. 병원에서는 정서적으로 불안해서 그런 것 같다고 하는데 다시 젖병을 줘야 하나요?

젖병과 분유는 돌 이전에 떼는 것입니다. 지금 아이가 보이는 식습관은 생후 4개월부터 시작되는 이유식이 제대로 진행되지 않아 나타나는 모습입니다. 정서적으로 불안해 한다고 다시 젖병을 물리는 것은 아이를 계속 아기 상태에 머물게 할 뿐입니다. 정서를 걱정하기에 앞서 아이의 개월수에 맞는 발달을 유도해주는 것이 더 중요한 것이지요.

Q 19개월 된 여자 아이인데요, 며칠 전부터 밥은 거의 안 먹고 반찬만 먹고 있어요. 매운 김치를 좋아하고 그 외 다른 반찬도 밥 없이 먹으려 합니다. 어떻게 해야 할까요?

이때는 아이의 식판을 별도로 마련해 주세요. 아이가 밥을 먹든 반찬만 먹든 나무라거나 뭐라 하지 말고 엄마는 아이가 먹을 밥과 반찬을 식판에 담아 주세요. 아이가 좋아하는 것을 다 먹었다 해서 더 주지 말고, 남겼다 해서 나무라지 마세요. 그래도 아이가 반찬만 먹으려 하면 간식도 제한해서 다음 식사 시간까지 공복감을 느끼게 해서 식사의 의미를 깨닫게 하세요. 또한 어른 반찬이 아닌 유아식을 만들어 주어 자극적인 맛에 길들여진 입맛도 바꾸어야 합니다.

Q 14개월 된 아이가 땀을 너무 많이 흘리고 먹는 양이 너무 적어 걱정입니다. 주변에서 엿기름을 끓여서 먹이면 좋다고 하고, 녹용을 먹여보라고 하는데 괜찮을까요?

과거 의료적 혜택이 없고, 학문과 문화의 발달이 미흡하였을 적의 기준을 가지고 현재 아이의 건강을 논하는 것은 옳지 않습니다. 녹용이나 여타 다른 것을 생각하기 이전에 현재 아이에게 중요한 것은 바른 식습관입니다. 말씀하신 증상은 소아과 진료와 상담이 필요한 부분입니다. 소아과 전문의를 친정 엄마처럼 생각하고 자주 아이의 건강 상태에 대해 상담하면 좋습니다.

달걀채소국

유난히 달걀을 좋아하는 우리 식구들.
그래서 냉장고 속엔 항상 달걀이 떨어지지가 않아요.
손쉽게 구할 수 있는 재료로 뚝딱 만들어내지만 영양가만큼은 최고랍니다.

준비할 재료는요 | 달걀 1개, 당근 10g(1큰술), 무 10g(1큰술), 다진 파 1/2큰술, 표고버섯 1개, 소금 약간, 참기름 1/2작은술, 멸치 다시마 육수 $1\frac{1}{2}$컵

이렇게 만들어요

1 당근과 무는 5mm 폭으로 얇게 채썰어두고 표고버섯은 불려서 갓 부분만 얇게 채썰어주세요.
2 냄비에 멸치 다시마 육수를 붓고 끓어오르면 썰어둔 무와 당근, 표고버섯을 넣고 끓입니다.
3 국이 다시 끓으면 달걀에 다진 실파를 넣고 풀어 줄알을 치며 넣어줍니다.
4 마지막에 소금으로 간을 한 후 참기름을 뿌려 냅니다.

줄알치다 : 달걀을 조금씩 흘려 넣는 것을 말합니다.

Q 버섯의 영양 성분은 조리 방법에 따라 달라지나요?

A 버섯을 국 요리에 넣을 경우에는 비타민 B1이 수용성이라 국물에 영양소가 많이 우러납니다.

시금치조개된장국

준비할 재료는요 | 시금치 50g, 조갯살 1/4컵, 다진 파 1/2큰술, 된장 1/2큰술, 다시마 육수 1.5컵

이렇게 만들어요

1 시금치는 살짝 데쳐서 2cm 길이로 썰고 조갯살은 연한 소금물에 헹궈 물기를 빼둡니다.

2 냄비에 다시마 육수를 넣고 끓으면 된장을 풀어 넣어요.

3 여기에 조갯살을 넣고 거품은 걷어내며 끓입니다.

4 조갯살이 다 익으면 데쳐둔 시금치와 다진 파를 넣고 한소끔 끓여 냅니다.

된장은 체를 냄비에 담가 걸러서 넣으세요. 된장의 콩건더기가 그대로 들어가면 국물이 우러나면서 짜진답니다.

비지찌개

준비할 재료는요 | 흰콩 1/2컵, 배추 20g(잎 1장 정도), 돼지고기 20g(2큰술), 다진 파 1/2큰술, 새우젓 1/2작은술, 다진 마늘 1/2작은술, 참기름 1/2작은술, 멸치 다시마 육수 1/2컵

이렇게 만들어요

1 흰콩은 하룻밤 정도 불려 껍질을 벗긴 뒤 믹서기에 넣고 콩이 잠길 정도의 물을 부어 되직하게 갈아 비지를 만듭니다.

2 배추는 살짝 데쳐서 1cm 크기로 썰어두고 돼지고기는 기름기 적은 부분을 다져서 준비합니다.

3 냄비에 다진 돼지고기와 다진 마늘을 넣고 볶은 뒤 멸치 다시마 육수를 붓고 끓입니다.

4 여기에 썰어둔 배추를 넣고 새우젓으로 간을 합니다.

5 마지막에 비지와 다진 파를 넣고 한소끔 끓인 뒤 참기름을 뿌려 냅니다.

비지가 익으면 약간 비린내가 날 수 있으니 파를 꼭 넣어 주세요~

맑은쇠고기무국

기름기 없이 담백하고 깔끔하게 끓였어요.
무의 **시원한 맛**이 우러나 별다른 재료와 양념 없이도 맛있는 국이 되지요.

준비할 재료는요 | 쇠고기 50g, 무 40g, 대파 1/4대, 다진 마늘 1/2작은술, 국간장 1/2작은술, 소금 약간, 다시마 국물 2컵

이렇게 만들어요

1 쇠고기는 찬물에 담가 핏물을 뺀 뒤 얇게 썰어둡니다.
2 무는 얇게 나박썰고 대파는 어슷썰어 준비합니다.
3 냄비에 다시마 국물과 쇠고기를 넣고 끓입니다.
이때 생기는 거품은 걷어내며 맑은 장국을 끓입니다.
4 여기에 무와 다진 마늘을 넣고 끓이다가 무가 익으면 국간장으로 색을 낸 뒤 소금으로 간을 맞춥니다.
5 마지막에 파를 넣고 불을 끕니다.

거품을 걷어낼 때 물이 담긴 작은 그릇에 숟가락을 헹궈가며 걷어내면 거품이 훨씬 쉽게 걷어진답니다.

콩나물무침

준비할 재료는요 | 콩나물 150g, 당근 10g(1큰술), 실파 1개,
소금 1/2작은술, 참기름 1작은술, 통깨 1/2작은술

이렇게 만들어요

1 콩나물은 물에 소금을 약간 넣고 뚜껑을 덮고 삶아줍니다.
2 삶는 도중 김에서 콩나물 비린내가 나지 않으면 뚜껑을 열고 콩나물을 건져내어 냉장고에 넣어 차게 식힙니다.
3 당근은 얇게 채썰고 실파는 다져둡니다.
4 차게 식힌 콩나물에 당근과 실파를 넣고 소금, 참기름, 통깨를 넣어 무칩니다.

콩나물을 냉장고에서 차게 식히면 훨씬 아삭아삭해져요.

콩자반

준비할 재료는요 | 검은콩 1/2컵, 물 2컵, 간장 2큰술,
설탕 1/2큰술, 꿀 1큰술, 통깨 1/2큰술

이렇게 만들어요

1 검은콩은 물에 씻어서 건져 냄비에 담고 분량의 물을 부어 삶아주세요.
2 물이 자작해질 정도로 줄어들면 간장과 설탕을 넣고 조립니다.
3 국물이 거의 다 졸면 마지막에 꿀을 넣고 뒤적인 뒤 통깨를 뿌려 냅니다.

삶는 콩은 미리 불리지 않고 마른 콩 그대로 쓰면 됩니다.

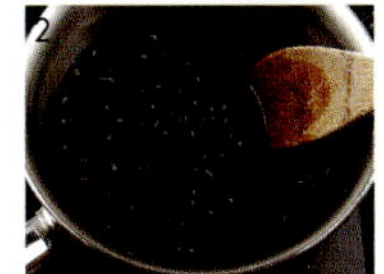

고등어튀김탕

준비할 재료는요 | 고등어 1/4마리, 청주 1/2큰술, 생강즙 1/2큰술, 소금 약간, 달걀 1/2개, 녹말가루 1/4컵, 튀김 기름 약간
소스(청·홍피망 10g(1큰술)씩, 양파 10g(1큰술), 다진 파 1/2작은술, 간장 1작은술, 청주 1작은술, 설탕 1작은술, 물 1큰술, 참기름 1작은술)

이렇게 만들어요

1 고등어는 살만 포를 떠서 한 입 크기로 잘라 소금과 청주, 생강즙으로 밑간을 해둡니다.
2 달걀을 잘 풀어 녹말가루와 함께 섞고 밑간해둔 고등어를 넣어 잘 버무려 180℃의 기름에서 바삭하게 두 번 튀겨냅니다.
3 소스 재료 중 청·홍피망과 양파는 잘게 다지고 다른 재료들과 함께 섞어 냄비에 넣어 끓입니다.
4 소스가 끓어오르면 튀긴 고등어를 넣고 버무리듯 조려 냅니다.

1

3

뚝배기불고기

준비할 재료는요 | 쇠고기(불고깃감) 50g, 느타리버섯 30g(3개 정도), 양파 10g(1큰술), 당근 10g(1큰술), 피망 1/8개, 불린 당면 1/2줌, 채소 육수 150ml, 소금 약간
불고기 양념장(다진 마늘 1/2작은술, 다진 파 1/2작은술, 간장 1/2작은술, 청주 1/2작은술, 설탕 1/2작은술, 파인애플 1조각, 참기름 1/2작은술)

이렇게 만들어요

1 불고기 양념장을 분량대로 섞어서 믹서기에 갈아 쇠고기에 넣고 버무려둡니다.
2 느타리버섯은 얇게 찢어두고, 양파와 당근, 피망은 채썰어 준비합니다.
3 냄비에 양념한 쇠고기를 넣고 볶다가 채소 육수를 부어 끓입니다.
4 한소끔 끓어오르면 양파, 당근, 피망, 버섯, 그리고 불린 당면을 넣고 소금으로 간을 맞춰 끓여 냅니다.

3

4

우유채소영양밥

준비할 재료는요 | 쌀 1컵, 당근 10g(1cm 두께 한 토막), 새송이버섯 1/2개, 브로콜리 2~3줄기, 밤 2개, 대추 2개, 강낭콩 2큰술, 우유 1½컵
양념장(간장 1큰술, 설탕 1/2작은술, 다진 파 1/2작은술, 참기름 1작은술, 통깨 1작은술)

이렇게 만들어요

1 강낭콩과 쌀은 씻어서 찬물에 30분 정도 불려 준비합니다.
2 당근과 버섯, 브로콜리는 1cm 크기로 썰어두고 밤은 속껍질까지 벗긴 뒤 4등분합니다.
3 대추는 돌려깎아 채썰어 준비합니다.
4 냄비에 쌀을 넣고 대추를 제외한 재료들을 넣어 섞은 뒤 밥물 대신 우유를 붓고 센 불에서 끓입니다.
5 한소끔 끓으면 불을 약하게 줄이고 밥알이 익을 때까지 끓입니다.
6 밥이 다 되면 채썰어둔 대추를 위에 얹고 뜸을 들인 뒤 양념장을 곁들여 냅니다.

우유로 밥을 지어보세요. 너무너무 고소해서 아이들이 맛있게 먹는답니다.

조개부추전

준비할 재료는요 | 조갯살 20g(2큰술), 부추 30g(손가락 굵기 정도), 당근 10g(1큰술), 애호박 10g(1큰술), 소금 약간, 밀가루 1/2컵, 달걀 1/2개, 물 1/3컵, 식용유

이렇게 만들어요

1 조갯살은 옅은 소금물에서 한 번 헹군 뒤 물기를 빼고 다져둡니다.
2 부추는 1cm 길이로 썰고, 당근과 애호박도 1cm 길이로 채썰어둡니다.
3 밀가루에 달걀과 물을 넣고 잘 섞은 뒤 소금으로 간을 하고 썰어둔 부추와 당근, 애호박, 조갯살을 넣고 고루 버무려줍니다.
4 달군 팬에 식용유를 약간 두른 뒤 3의 반죽을 한 숟가락씩 떠서 노릇하게 지져 냅니다.

부추전은 얇게 부쳐야 더 쫀득하니 맛있어요.

새우호박씨볶음

준비할 재료는요 | 마른 새우 1컵, 호박씨 2큰술, 식용유 1/2큰술
양념장(간장 1/2큰술, 설탕 1/2큰술, 꿀 1/2큰술, 청주 1/2큰술, 물 1큰술, 통깨 약간, 참기름 1작은술)

이렇게 만들어요

1 마른 새우는 체에 쳐서 티를 털어냅니다.
2 팬에 식용유를 두르고 마른 새우와 호박씨를 넣고 바삭바삭하게 볶아주세요.
3 다른 팬에 양념장 재료를 분량대로 넣고 끓이다가 볶아둔 새우와 호박씨를 넣고 윤기가 나도록 볶아냅니다.

멸치채소조림

준비할 재료는요 | 잔멸치 1/2컵, 감자 50g(1/2개), 피망 1/4개, 당근 30g(2cm 두께 한 토막), 강낭콩 2큰술, 식용유 1큰술, 참기름 1/2작은술, 통깨 1/2작은술
조림장(간장 1큰술, 설탕 1큰술, 물엿 1큰술, 청주 1큰술, 물 2큰술)

이렇게 만들어요

1 멸치는 체에 쳐서 티를 털어내고 기름 없는 팬에서 한 번 볶아냅니다.
2 감자, 당근, 피망은 1cm 크기로 깍둑썰고, 강낭콩은 끓는 물에 살짝 데쳐 건져둡니다.
3 팬에 식용유를 두르고 감자와 당근을 넣어 볶다가 멸치와 피망, 강낭콩을 넣고 볶아줍니다.
4 다른 냄비에 조림장 재료를 분량대로 넣고 끓이다가 한소끔 끓어오르면 볶은 채소와 멸치, 강낭콩을 넣어 윤기가 나도록 조립니다.
5 마지막에 참기름과 통깨를 뿌려 냅니다.

닭안심살튀김

준비할 재료는요 | 닭 안심살 2개, 우유 2큰술, 소금·후춧가루 약간씩, 녹말가루 약간, 달걀 1/2개, 슬라이스 아몬드 1/3컵, 빵가루 1/3컵, 파슬리 가루 약간, 포도씨유 약간
허니머스터드소스(마요네즈 1큰술, 꿀 1작은술, 머스터드 1작은술, 레몬즙 1/2작은술, 파슬리 가루)

이렇게 만들어요

1 닭 안심살은 길이로 반을 갈라 소금과 후춧가루, 우유로 15분 정도 밑간을 해둡니다.
2 빵가루에 파슬리 가루를 약간 뿌려 고루 섞어주세요.
3 닭 안심살에 녹말가루를 묻히고 달걀물을 묻힌 뒤 두 쪽은 슬라이스 아몬드, 나머지 두 쪽은 빵가루를 묻혀 170℃의 기름에서 바삭하게 두 번 튀겨냅니다.
4 키친 타월로 눌러 기름을 뺀 뒤 분량의 재료를 섞어 만든 허니머스터드소스를 곁들여 냅니다.

두 번 튀겨 주세요. 바삭바삭한 맛이 살아난답니다.

양송이스터프트

준비할 재료는요 | 양송이버섯 4개, 게맛살 1/2개, 날치알 1큰술, 파프리카 10g(1큰술), 빵가루·파슬리 가루 약간씩, 마요네즈 1큰술, 소금·후춧가루 약간씩

이렇게 만들어요

1 양송이버섯은 껍질을 벗겨낸 뒤 기둥 부분을 떼어냅니다.
2 버섯 기둥, 게맛살, 파프리카와 함께 잘게 다져주세요.
3 볼에 잘게 다진 게맛살, 파프리카, 버섯 기둥, 날치알을 넣고 마요네즈를 넣어 잘 버무린 뒤, 소금과 후춧가루로 간을 합니다.
4 준비한 양송이버섯의 기둥이 있던 부분에 3의 샐러드를 소복히 담고 위에 빵가루와 파슬리 가루를 약간씩 뿌려줍니다.
5 버섯들을 오븐팬에 담은 후 180℃로 예열한 오븐에서 10분 정도 구워냅니다.

Q 어른에게 좋은 건강식품 김치, 아이에게도 그만큼 좋은가요?

A 물론입니다. 배추는 비타민 C, 칼슘이 풍부하고 마늘은 살균 효과가 있고 유산균이 장을 튼튼하게 해요!

김치키슈

파이 시트를 밀가루가 아닌 밥으로 만들어 아주 담백하고 고소하답니다.
그리고 김치를 필링에 섞어 넣어서 전혀 느끼하지 않고 맛있어요.

준비할 재료는요 | 찬밥 $1\frac{1}{2}$공기, 버터 1큰술, 소금 1/2작은술, 검은깨(또는 통깨) 약간
필링(베이컨 4장, 다진 김치 1/2컵, 다진 양파 1/2컵, 브로콜리 1/2송이, 피자치즈 1줌)
소스(달걀 3개, 우유 1/3컵, 생크림 1/3컵, 소금·후춧가루 약간씩)

이렇게 만들어요

1 찬밥은 레인지에 살짝 데워서 버터와 검은깨, 소금을 넣어 비벼줍니다.
2 버터를 바른 파이틀에 1의 밥을 담아 틀 안쪽으로 잘 붙게 손으로 꼭꼭 눌러 펴줍니다.
3 파이 시트를 200℃로 예열한 오븐에서 20분 정도 구워냅니다.
4 베이컨은 1cm 폭으로 썰고 김치는 양념을 씻어 꼭 짠 다음 다지고, 양파도 잘게 다져주세요.
5 달군 팬에 베이컨을 넣고 볶아 기름이 나오면 다진 김치와 양파를 넣고 볶아줍니다.
6 볼에 달걀을 잘 푼 다음 우유와 생크림을 넣고 소금, 후춧가루로 간을 하여 소스를 만들어요.
7 구워낸 파이 시트에 볶은 베이컨과 김치, 양파를 넣고 브로콜리를 적당히 잘라 올린 다음 피자치즈를 절반 뿌리고 소스를 붓고 나머지 피자치즈를 골고루 뿌려주세요.
8 180℃로 예열한 오븐에서 20분 정도 노릇노릇하게 구워냅니다.

담백하고 바삭바삭하게 구운 비스킷입니다. 깨를 넣어 씹히는 맛도 너무 고소해요.

식빵바나나푸딩

준비할 재료는요 | 식빵 2장, 우유 1/2컵, 바나나 1개, 슬라이스 아몬드 1큰술, 피스타치오 아몬드 4~5개, 블루베리 1큰술, 설탕 1작은술

이렇게 만들어요

1 식빵은 4등분으로 잘라 그라탱 용기에 차곡차곡 겹쳐 비스듬히 세워넣어요.

2 바나나는 얇게 잘라 빵 사이사이에 켜켜이 끼워넣습니다.

3 여기에 우유를 붓고 슬라이스 아몬드와 피스타치오 아몬드, 블루베리 등을 고루 뿌린 뒤 설탕을 뿌리고 180℃로 예열한 오븐에서 10분 정도 구워냅니다.

1

3

참깨과자

준비할 재료는요 | 밀가루(박력분) 180g, 포도씨유 30g, 설탕 60g, 물 50g, 소금 약간, 참깨 1큰술, 검은깨 1큰술

이렇게 만들어요

1 물과 포도씨유에 설탕을 넣고 잘 섞어줍니다.

2 여기에 밀가루와 소금을 체에 쳐서 넣은 뒤 참깨와 검은깨를 넣어 섞어주세요.

3 비닐봉지에 반죽을 넣고 납작한 모양으로 만들어 냉장고에서 30분 정도 휴지를 시킵니다.

4 반죽을 꺼내어 밀대로 최대한 얇게 밀어줍니다.

5 쿠키틀로 모양을 찍어 쿠키팬에 나란히 놓고 포크로 콕콕 찍은 뒤 설탕을 뿌리고 스프레이로 물을 뿌려줍니다.

6 170℃로 예열한 오븐에서 12~13분 구워냅니다.

2

5

다져 넣은
고구마와 단호박
씹히는 맛이
아주 좋아요.

단호박고구마머핀

버터가 대신 몸에 좋은 포도씨유를 넣어 만든 머핀입니다.
달콤하고 부드러운 단호박과 고구마를 넣어 아이들이 너무나 좋아한답니다.

준비할 재료는요 | 밀가루(박력분) 150g, 베이킹파우더 1작은술, 달걀 1개, 설탕 70g, 포도씨유 50g, 소금 1/2작은술, 우유 50g, 고구마 100g, 단호박 100g

이렇게 만들어요

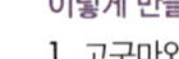

1 고구마와 단호박은 반은 삶아서 체에 내려 으깨어두고 반은 생으로 5mm 크기로 다져둡니다.

2 달걀을 거품기로 잘 풀어준 뒤 우유와 설탕을 넣어 잘 섞어줍니다.

3 2에 포도씨유를 조금씩 넣으면서 분리되지 않게 섞어줍니다.

4 3에 박력분과 베이킹파우더를 체에 쳐서 넣고 으깬 고구마와 단호박을 넣어 섞어줍니다.

5 생으로 다져둔 고구마와 단호박을 머핀 위에 뿌릴 것만 남기고 반죽에 넣어 버무린 뒤 머핀 틀에 반죽을 80% 정도씩 채워줍니다.

6 남겨둔 고구마와 단호박을 올리고 180℃ 오븐에서 25~30분 정도 구워냅니다.

1

4

6

수박주스

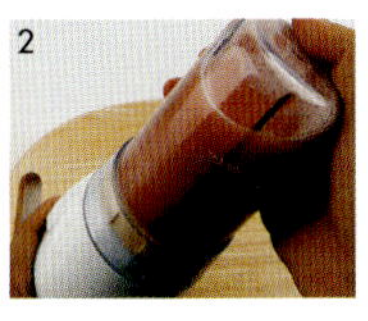

준비할 재료는요 | 수박 60g, 양배추 30g(3큰술),
생수 1/2컵, 레몬즙 1작은술

이렇게 만들어요

1 수박은 껍질을 도려내고 과육만 적당히 잘라두고
양배추는 두꺼운 줄기 부분은 도려내고 적당히 잘라둡니다.

2 믹서기에 수박과 양배추, 생수, 레몬즙을 넣고
곱게 갈아냅니다.

수박과 양배추는
몸의 열을 식혀주어
더위를 많이 타는
아이들에게 아주 좋은
음료랍니다.

파스타샐러드

준비할 재료는요 | 짧은 모양 파스타 1컵(모양 파스타), 단호박 50g,
강낭콩 2큰술, 밤콩 2큰술, 올리브유 1작은술
요구르트 너트 드레싱(플레인 요구르트 1/2컵,
마요네즈 1큰술, 꿀 1작은술, 레몬즙 1/2작은술,
다진 호두 1작은술, 다진 호박씨 1작은술,
다진 땅콩 1작은술)

이렇게 만들어요

1 단호박은 1cm 크기로 깍둑썰어 강낭콩과 밤콩과 함께
물에 넣고 삶아냅니다.

2 파스타는 아이들이 좋아할 모양으로 골라 끓는 물에
올리브유를 1작은술 넣고 7~8분 정도 삶아 건져냅니다.

3 분량의 재료들을 섞어 요구르트 너트 드레싱을 만들어주세요.

4 볼에 삶은 파스타, 단호박, 강낭콩, 밤콩을 담고
만든 드레싱을 넣고 고루 버무려 냅니다.

TIP

동물 모양, 알파벳, 숫자 등 요즘은 여러 가지 재미있는 모양의
파스타를 마트에서 쉽게 구입할 수 있답니다.

태어나서 36개월까지, 무엇을 어떻게 얼마나 먹여야 할까요?

		초기(4~5개월)	중기(6~8개월)	후기(9~10개월)	완료기(돌 전후)	유아식
이유 형태 굳기&크기		주르륵 흐를 정도 곱게 갈아 사용	마요네즈 정도 곱게 다진 정도	두부 무르기 정도 0.3~0.5cm	삶은 밤 정도 0.5~1cm	삶은 밤 정도 1~2cm
이유 횟수와 양		미음 1회 (3스푼~50g 이하)	죽 2회 (70~100g)	된 죽 3회 (100g)	진밥 3회 (100~200g)	밥 3회 (150g)
곡류	한 끼 분량	5~10g(불린 쌀)	15~20g(불린 쌀)	20~30g(불린 쌀)	30~40g(불린 쌀)	50~60g(불린 쌀)
	가능 식품	쌀, 찹쌀, 오트밀	쌀, 찹쌀, 오트밀, 차조 등	쌀, 찹쌀, 오트밀, 차조 등	대부분 곡류 가능	대부분 곡류 가능
	피할 식품	쌀, 찹쌀, 오트밀 외	밀, 단단한 잡곡(보리, 현미 등)	밀, 단단한 잡곡(보리, 현미 등)		
육류	한 끼 분량	섭취 불가	10~20g	15~20g	25~30g	30~50g
	가능 식품		우둔살, 닭 가슴살	우둔살, 닭 가슴살	우둔살, 닭 가슴살, 돼지고기 안심	모든 육류 가능
	피할 식품		돼지고기	돼지고기	안심 부위를 뺀 돼지고기	
어패류	한 끼 분량	섭취 불가	10~20g	15~20g	25~30g	30~50g
	가능 식품		흰살 생선, 새우살, 게살 등	흰살 생선, 새우살, 게살, 연어살 등	흰살 생선, 새우살, 게살, 패류, 참치 등	모든 생선 가능
	피할 식품		등푸른 생선, 오징어, 패류 등	등푸른 생선, 오징어, 패류	참치를 제외한 등푸른 생선	
유제품	가능 식품	섭취 불가	유아용 치즈 1/2장 또는 플레인 요구르트 1/2개	유아용 치즈 1장 또는 플레인 요구르트 1개	유아용 치즈 1장 또는 플레인 요구르트 1개	유아용 치즈 1장 또는 플레인 요구르트 1개
	피할 식품		생우유, 두유, 요구르트	생우유, 두유, 요구르트	생우유, 두유, 요구르트	생우유 또는 두유 500ml 이하 가능
콩제품	한 끼 분량	섭취 불가	콩 3알 두부 10~20g	콩 3~5알 두부 20~30g	콩 5알 두부 25~30g	콩 5~10알 두부 30~40g
	가능 식품		대부분 가능 (완두콩, 검은콩, 강낭콩, 흰콩 등)	대부분 가능 (완두콩, 검은콩, 강낭콩, 흰콩 등)	대부분 가능 (완두콩, 검은콩, 강낭콩, 흰콩 등)	대부분 가능 (완두콩, 검은콩, 강낭콩, 흰콩 등)
알류	한 끼 분량	섭취 불가	1/2개	20~30g	30~40g	50~60g
	가능 식품		달걀노른자	달걀노른자	달걀노른자	전란 사용 가능
	피할 식품		달걀흰자	달걀흰자	달걀흰자	
채소류	한 끼 분량	5~10g	10~20g	20~30g	20~40g	40~60g
	가능 식품	당근, 애호박 등	당근, 애호박 등	당근, 애호박 등	당근, 애호박 등	대부분 채소 가능
	피할 식품	향이 강하고 섬유질 많은 것(시금치, 죽순, 우엉, 깻잎 등)	향이 강하고 섬유질 많은 것 (죽순, 우엉, 깻잎 등)	향이 강하고 섬유질 많은 것 (죽순, 우엉, 깻잎 등)	향이 강하고 섬유질 많은 것 (죽순, 우엉, 깻잎 등)	
과일류	한 끼 분량	10~20g	20~30g	20~40g	30~40g	50~60g
	가능 식품	사과, 배, 수박 등	사과, 배, 수박 등	사과, 배, 수박 등	대부분 과일 가능	대부분 과일 가능
	피할 식품	토마토, 자두, 포도, 참외 복숭아, 딸기, 키위, 레몬 오렌지, 체리, 망고	복숭아, 오렌지, 레몬, 체리, 망고	복숭아, 오렌지, 레몬, 체리, 망고		
유지류	한 끼 분량	섭취 불가	1~2방울	1/2작은술	1/2~1작은술	1~2작은술
	가능 식품		참기름, 식용유, 버터, 잣, 호두, 깨	참기름, 식용유, 버터, 잣, 호두, 깨	모두 가능	모두 가능
	피할 식품		동물성 지방류, 땅콩류	동물성 지방류, 땅콩류		

index ㄱㄴㄷ

- [초]............. 초기 이유식
- [중]............. 중기 이유식
- [후]............. 후기 이유식
- [완]............. 완료기 이유식
- [유]............. 유아기 이유식
- [건뇌]........... 두뇌 발달에 좋은 이유식
- [알레]........... 알레르기 있는 아기를 위한 이유식
- [아토피]......... 아토피 있는 아기를 위한 이유식
- [감기]........... 감기걸린 아기를 위한 이유식
- [설사]........... 설사하는 아기를 위한 이유식
- [변비]........... 변비가 있는 아기를 위한 이유식
- [열]............. 열이나는 아기를 위한 이유식
- [토해요]......... 토하는 아기를 위한 이유식
- [입]............. 입안이 헐은 아기를 위한 이유식
- [안]............. 잘 안 먹는 아기를 위한 이유식

ㄱ

ㄴ~ㄷ

ㅁ~ㅂ

ㅅ

ㅇ

ㅈ~ㅊ

ㅋ~ㅍ

ㅎ

고시환 모유 수유의 중요성과 인스턴트 이유식으로부터의 해방을 주장해 온 소아과 전문의 고시환 선생님은 이미 아이를 키우는 엄마들 사이에서는 유명인에 가깝지요. 약에 기대기보다 몸의 저항력을 높이는 자연 치유력을 주장해 온 선생님의 목소리에는 아이들에 대한 사랑이 깔려 있어요. 덩치만 크고 속은 나약해져 가는 아이들 건강을 걱정하는 고시환 선생님은 그 첫 번째 처방전을 아기 밥에서 찾아야 한다고 얘기하며 책에 실린 이유식들을 하나하나 검수하셨답니다. 병원에서는 들려주지 않는 요리 비법, 요리책에서는 찾아볼 수 없는 건강 비결이 담긴 이 책 속에는 고시환 선생님의 아기 사랑이 그대로 녹아 있어요.

신송하 '신시아'라는 블로그 닉네임으로 더욱 유명한 신송하 씨는 두 아이의 엄마가 되면서 숨겨진 또 하나의 재능을 발견했답니다. 바로 요리에 대한 재능이지요. 그리고 가족들의 먹을거리를 준비하는 즐거움과 중요성을 절감하며 자신의 생각을 공유하고자 블로그와 미니 홈피를 통해 많은 이들과 만났고, 지금은 이른바 '스타 블로거'의 반열에 당당히 올라섰습니다. 요즘은 요리 잡지의 쿠킹 테이스터로도 활동하는가 하면 싸이월드 내의 요리페이퍼 'cynthia's kitchen' (http://paper.cyworld.com/cynthia)을 발행하며 스페셜 작가로 활발한 활동을 하고 있어요. 이번 책을 통해 그동안 쌓은 요리에 대한 지식을 총정리하며 엄마의 정성으로 아기들의 평생 건강을 책임질 이유식과 유아식을 만들었다고 합니다.

초보 엄마 이유식 달인 되기

발행일 초판 1쇄 2010년 10월 1일
초판 6쇄 2013년 7월 18일

지은이 고시환, 신송하

발행인 김우석
제작총괄 손장환
편집장 이정아
편집 정세영
마케팅 김동현 신영병
제작 김훈일 박자윤
저작권 안수진
홍보 이효정

기획 노은아
교정 · 교열 신정진
디자인 design BORN

발행처 중앙북스(주) www.joongangbooks.co.kr
등록 2007년 2월 13일 제2-4561호
주소 서울시 마포구 상암동 1651번지 DMCC빌딩 20층

구입문의 (02)2031-1373
내용문의 (02)2031-1369
팩스 (02)2031-1399
홈페이지 www.joongangbooks.co.kr/ www.facebook.com/hellojbooks

ISBN 978-89-278-0082-8 14590
978-89-278-0086-6 14590 (set)